Segurança Internacional

Análise de Política Externa • Haroldo Ramanzini Júnior e Rogério de Souza Farias
Cooperação internacional • Iara Leite
Direito das Relações Internacionais • Márcio P. P. Garcia
Direitos humanos e Relações Internacionais • Isabela Garbin
Economia Política Global • Niels Soendergaard
Europa: integração e fragmentação • Antônio Carlos Lessa e Angélica Szucko
História das Relações Internacionais • Antônio Carlos Lessa e Carlo Patti
Introdução às Relações Internacionais • Danielly Ramos
Métodos de pesquisa em Relações Internacionais • Vânia Carvalho Pinto
Negócios internacionais • João Alfredo Nyegray
Organizações e Instituições Internacionais • Ana Flávia Barros-Platiau e Niels Soendergaard
Política Ambiental Global e o Brasil • Matilde de Souza
Política Internacional Contemporânea • Thiago Gehre Galvão
Segurança internacional • Alcides Costa Vaz e Augusto Teixeira Júnior
Teoria das Relações Internacionais • Feliciano de Sá Guimarães

Proibida a reprodução total ou parcial em qualquer mídia
sem a autorização escrita da editora.
Os infratores estão sujeitos às penas da lei.

A Editora não é responsável pelo conteúdo deste livro.
Os Autores conhecem os fatos narrados, pelos quais são responsáveis,
assim como se responsabilizam pelos juízos emitidos.

Consulte nosso catálogo completo e últimos lançamentos em **www.editoracontexto.com.br**.

Segurança Internacional

Alcides Costa Vaz
Augusto Teixeira Júnior

Coordenador da coleção
Antônio Carlos Lessa

editoracontexto

Copyright © 2024 dos Autores

Todos os direitos desta edição reservados à
Editora Contexto (Editora Pinsky Ltda.)

Montagem de capa e diagramação
Gustavo S. Vilas Boas

Preparação de textos
Lilian Aquino

Revisão
Ana Paula Luccisano

Dados Internacionais de Catalogação na Publicação (CIP)

Vaz, Alcides Costa
Segurança Internacional / Alcides Costa Vaz, Augusto Teixeira Júnior. – São Paulo : Contexto, 2025.
144 p. (Coleção Relações Internacionais / coord. por Antônio Carlos Lessa)

Bibliografia.
ISBN 978-65-5541-631-2

1. Segurança internacional 2. Relações internacionais I. Título II. Teixeira Júnior, Augusto III. Lessa, Antônio Carlos IV. Série

25-0466   CDD 327.172

Angélica Ilacqua – Bibliotecária – CRB-8/7057

Índice para catálogo sistemático:
1. Segurança internacional

2025

Editora Contexto
Diretor editorial: *Jaime Pinsky*

Rua Dr. José Elias, 520 – Alto da Lapa
05083-030 – São Paulo – SP
PABX: (11) 3832 5838
contato@editoracontexto.com.br
www.editoracontexto.com.br

Sumário

O CONCEITO DE SEGURANÇA 7

GEOPOLÍTICA, ESTRATÉGIA MILITAR E GUERRA 27

AGENDA PARA PAZ, SEGURANÇA INTERNACIONAL
E O SISTEMA DE SEGURANÇA COLETIVA
DAS NAÇÕES UNIDAS 47

ARMAMENTISMO, REGIMES DE CONTROLE
E NÃO PROLIFERAÇÃO 71

OS ATORES NÃO ESTATAIS VIOLENTOS NO CONTEXTO
DA SEGURANÇA INTERNACIONAL 89

DESAFIOS CONTEMPORÂNEOS DE SEGURANÇA 115

CONSIDERAÇÕES FINAIS 133

LISTA DE SIGLAS 137

REFERÊNCIAS BIBLIOGRÁFICAS 141

OS AUTORES 143

O conceito de segurança

A expressão "segurança" e seus infindáveis sufixos nos acompanham em todas as áreas de vida. No dia a dia, no telejornal ou no debate público, a segurança ganha forma como segurança jurídica, segurança econômica, energética ou propriamente como segurança política, relativa à sustentação de um determinado regime político ou forma de governo. Como se denota das linhas anteriores, segurança é um termo polissêmico, utilizado em diversas áreas, o que torna necessário nos debruçarmos sobre o(s) seu(s) significado(s).

Por isso, o objeto desta obra nos impele a uma delimitação inicial. Mesmo considerando as múltiplas feições do fenômeno, nos cabe aqui apresentar ao leitor os debates teóricos, conceituais e temáticos de um subcampo das Relações Internacionais denominado Segurança Internacional, também conhecido como Estudos de Segurança. Temas clássicos no pensamento político desde Tucídides, a paz e a guerra foram também objeto de reflexão de pensadores modernos como Maquiavel, Hobbes, Jomini e Clausewitz. Mas foi sob o calor da Segunda Guerra Mundial e durante a segunda metade do século XX que o campo dos Estudos de Segurança ganhou corpo, se expandiu e se institucionalizou, inicialmente em universidades norte-americanas e europeias.

O pano de fundo da Guerra Fria exerceu marcada influência no campo, sobretudo nos anos 1950 e 1960, ao conferir centralidade a questões militares, como a corrida armamentista inclusive no campo nuclear, e às preocupações geopolíticas e estratégicas das grandes potências. Por conta disso, e paradoxalmente, apesar da existência de um campo acadêmico voltado a se debruçar acerca da Segurança Internacional desde os anos 1940, foi apenas a partir de meados dos anos 1970 que o debate acerca do conceito de segurança de fato ganhou impulso.

No presente capítulo, seguimos a orientação de Paul D. Williams sobre como estudar a Segurança Internacional. De acordo com Willians (2008), quatro perguntas compõem o núcleo do que podemos entender por segurança. São elas: 1) O que é segurança? 2) Segurança de quem? 3) O que conta como uma questão de segurança? 4) Como se pode alcançar a segurança? O próprio autor nos faz saber que essas questões basilares são em si um recorte. A depender da posição teórica e epistemológica do investigador, novas questões poderão ser adicionadas, da mesma forma que outras poderão ser excluídas. Entretanto, apesar da diversidade teórica e das bases filosóficas desse grande campo de estudo, essas quatro questões estarão presentes na construção intelectual daquilo que se entende por segurança. Por essa razão, este capítulo se delineia seguindo a lógica e a progressão dessas questões basilares para que possamos compreender a segurança e, por consequência, a segurança internacional.

Como parte inicial do esforço de compreender e estudar a segurança, cabe, antes de tudo, definir o que entendemos por esse fenômeno. Entretanto, ao nos perguntarmos "o que é segurança?", somos necessariamente chamados a abordar questões de ordem epistemológica, ontológica e de método. Como demonstra Williams (2008), essa primeira pergunta implica buscar respostas sobre (a) como saber o que é segurança; (b) qual a relação desse fenômeno com mundo que nos cerca; e (c) quais métodos temos à disposição para estudá-lo. No entanto, o próprio Williams argumenta que a resposta à primeira questão não deve ser buscada apenas no plano teórico, mas também considerando os problemas e as soluções políticas do mundo real. No mesmo sentido, outros, como Buzan e Hansen (2009), afirmam que a resposta para a questão em tela envolve fatores como o contexto histórico, o grau de institucionalização do campo, a evolução tecnológica, entre outros. Em resumo, devemos entender a segurança como um fenômeno essencialmente multidimensional, cujo estudo envolve uma intensa e necessária atenção a considerações teóricas e a aspectos empíricos (factuais).

Em nosso esforço de compreender o que é a segurança, cumpre diferenciar a segurança como condição existencial, ou seja, a situação real de que goza um referente (seja este um indivíduo, um grupo ou o próprio Estado), e segurança como desígnio, um objetivo a ser perseguido e, em um ponto, alcançado. Na primeira ocorrência, nos deparamos com a segurança em sentido absoluto: no caso, a condição de segurança implica que (a) o referente se vê livre de ameaças, (b) não se encontra exposto a riscos e (c) não possui vulnerabilidades que coloquem em questão sua própria integridade e sua capacidade de perseguir e alcançar seus interesses.

Isso nos leva a nos debruçarmos sobre esses três aspectos. A ameaça se relaciona a uma intenção hostil de um agente (indivíduo, grupo, Estado), ou seja, à intenção de dificultar, prejudicar, infligir danos e, no limite, aniquilar um outro agente. O risco, por sua vez, se relaciona à probabilidade maior ou menor de ocorrência de algo que não decorre da vontade de ninguém, mas que, mesmo assim, dificulta, prejudica, causa danos ou aniquila um agente. A exposição de coletividades, as mais variadas, a cataclismas naturais ilustra bem esse aspecto. A vulnerabilidade, finalmente, tem a ver com a falta de condições e recursos adequados e suficientes por parte de um agente para se contrapor, de modo adequado e efetivo, a ameaças infligidas por terceiros e para mitigar toda série de riscos.

Obviamente, nenhum agente ou ator está inteiramente livre de ameaças, integralmente imune a riscos e/ou invulnerável a quaisquer formas de vicissitudes. Isso nos levaria a pensar que a segurança como condição e em seu sentido absoluto é inatingível, e por ser assim, não haveria por que se prender a essa concepção. No entanto, essa é uma conclusão equivocada. No plano do conhecimento, abstrações como concepções absolutas, situações ideais e mesmo as utopias possuem grande valor heurístico, isto é, são instrumentais para a adequada compreensão, análise, avaliação, formulação de diagnósticos e elaboração de proposições sobre os mais variados aspectos de uma realidade. Não devem, portanto, ser descartadas por parecerem desconectadas da realidade precisamente por serem indispensáveis para conhecê-la, compreendê-la, explicá-la, avaliá-la e transformá-la. São ferramentas de imensa utilidade, tanto para os cientistas como para os formuladores e operadores de política.

Para Baldwin (1997), segurança pode ser percebida como (a) a ausência de ameaças a valores adquiridos; ou (b) como a baixa probabilidade de dano a esses valores. Na prática, Baldwin (1997) nos apresenta duas formas distintas de conceituação de "segurança". O ponto de partida da definição está na caracterização da segurança como a ausência de ameaças a valores adquiridos. Com a modificação executada por Baldwin, temos a prevalência do entendimento de que segurança consiste na baixa probabilidade de dano a valores adquiridos. Ou seja, não existe segurança em um sentido absoluto, mas, sim, graus ou níveis de segurança. Um exemplo dessa perspectiva é a forma como o Departamento de Defesa publiciza o *status* de prontidão e alerta de ameaças em seu DEFCON (Defense Readiness Condition). Variando em uma escala de 1 a 5, o nível 5 representa o menos severo, enquanto o nível 1 sinaliza a eclosão de uma guerra nuclear.

Citando Ken Booth, Williams (2008) inicia a resposta ao que é segurança com uma diferenciação inicial: sobrevivência não é equivalente à segurança. Partindo da ideia de que segurança normalmente é associada à mitigação de ameaças a valores social e historicamente constituídos, em particular quando estas colocam em perigo a sobrevivência de um referente de segurança, Booth entende que a segurança difere da mera sobrevivência, dado que abrange outros "valores" que não apenas a existência/sobrevivência em si. Em princípio, a segurança tem na sobrevivência uma condição necessária, mas não suficiente. Outros valores, tais como poder, força, riqueza, prestígio, podem ser percebidos como meios ou fins da segurança, por exemplo.

Esse entendimento reflete a prevalência da tradição realista e de suas diversas teorias nos Estudos de Segurança Internacional. Tal predomínio foi particularmente marcante naquilo que ficou conhecido durante a Guerra Fria como a "Era de Ouro dos Estudos Estratégicos". Ocorrida entre as décadas de 1950 e 1960, a referida "Era de Ouro" marcou não apenas a institucionalização dos Estudos de Segurança, em especial dos Estudos Estratégicos, como também foi caracterizada pela crescente participação de pesquisadores civis em universidades, fundações e governos orientados a contribuir para o desenvolvimento de respostas aos problemas de segurança da Guerra Fria. Nesse período, surgiram burocracias civis atreladas à Defesa, houve estímulos para o financiamento para pesquisas e a criação de Think Tanks, bem como uma interação maior entre pesquisadores civis e profissionais militares. Entre os frutos dessa Era se destacam o desenvolvimento de teorias sobre dissuasão nuclear e a proliferação de estudos sobre desenho e estrutura das Forças Armadas, orçamento e gerenciamento de crises.

Claramente identificada com a tradição realista, essa revolução intelectual nos primórdios da Guerra Fria levou o *mainstream* dos Estudos de Segurança da época a se debruçar sobre quatro aspectos ilustrativos de sua perspectiva: o Estado, a estratégia, a ciência e o *status quo*. Ainda sob o calor dos acontecimentos da recém-terminada Segunda Guerra Mundial, acadêmicos e estadistas compreendiam que a segurança se referia fundamentalmente à segurança do Estado e de que esta era essencial para a própria segurança de seus cidadãos. Apesar de a tradição realista nas Relações Internacionais possuir uma notável diversidade (clássico, neorrealista defensivo, neorrealista ofensivo, neoclássico, realismo contingente etc.), normalmente a concepção de segurança é estadocêntrica, enfatizando sobremaneira os instrumentos de poder nacional para a consecução da própria segurança, estes normalmente vinculados ao poder militar nacional. No contexto de anarquia, a segurança existencial é o mais alto dos fins perseguidos pelos Estados. A segurança, nesse sentido, é tanto um fim quanto condição para que estes possam perseguir outros objetivos, como poder e riqueza.

Estabelecia-se, assim, uma notável convergência entre três postulados: o Estado como referente da segurança; o poder militar como instrumento privilegiado; e a política de defesa como ação para alcançar os objetivos de segurança de uma comunidade política. Por essa razão, a ênfase no desenvolvimento de estratégias tornou-se importante em duas direções: para alcançar a melhor alocação de recursos escassos em determinada ação, a fim de lograr um objetivo, ou para iluminar a melhor forma de utilizar os meios disponíveis para a realização de um determinado fim. Tanto a administração e condução de assuntos de Estado (*statecraft*) como a estratégia (Grande Estratégia ou Estratégia Militar) deveriam ser ancoradas na ciência não apenas como método, mas acompanhada de uma perspectiva epistemológica: o positivismo da revolução behaviorista. À medida que pesquisadores civis adentravam a seara dos temas militares e de segurança, ferramentais de matemática, lógica, química e física eram percebidas como fundamentais para o desenvolvimento estratégico. Como exemplo, um dos pioneiros da teoria da dissuasão (nuclear), Thomas Schelling era um economista. A construção envolvendo um referente primordial (o Estado), um meio (a estratégia) e o método científico estava a serviço de objetivos políticos clássicos da Guerra Fria: (i) a preservação do *status quo*, entendido como a manutenção do equilíbrio de poder no sistema internacional; (ii) a preservação das áreas de influência em um quadro de rivalidade sistêmica marcado pelo conflito bipolar entre EUA e URSS. Contudo, apesar de a segurança no realismo estar normalmente associada ao poder militar e econômico, outras dimensões também se mostrariam relevantes, tais como: política, ambiental, societária, entre outras.

O realismo, ao assumir o Estado como referente primordial, termina consagrando a um só tempo a sobrevivência do próprio Estado e a preservação de sua independência e da integridade territorial como valores e objetivos maiores no plano da segurança. Porém, o escopo da segurança pode ser ampliado de modo a que valores como bem-estar econômico e autonomia passem a integrar o rol dos valores aos quais a segurança se refere. Esse alargamento do conceito de segurança pode parecer inicialmente estranho. Entretanto, distintas estratégias de segurança nacional – como a dos EUA e da Rússia – se reportam a temas que transcendem e muito a seara tradicional da segurança militar.

Esse alargamento do conceito coloca em questão os limites da abordagem realista à segurança. Por exemplo, para os autores vinculados a estudiosos da Escola de Copenhague, sobre a qual abordaremos em seguida, segurança é um conceito tipicamente negligenciado. Atribuem a ausência de debate explícito sobre o fenômeno em si, por escolha ontológica ou epistemológica, à prevalência da tradição realista nessa área. Conforme se observa, as características que identificam os estudos de Segurança Internacional em seu primeiro momento, marcadamente identificados como Estudos Estratégicos, são fortemente dependentes de onde, quando e para quem esse esforço intelectual foi desenvolvido. O desenvolvimento de teorias de segurança e a reflexão sobre as implicações normativas destas revelavam preocupações e prioridades de quem normalmente as financiava. Assim, uma parte significativa do mundo se via alijada dessa reflexão e não possuía papel ativo na elaboração de suas próprias interpretações da realidade da Segurança Internacional, vendo-se inerte em uma terra de ninguém, mas que era disputada pelas superpotências da época.

Em resposta a esse tipo de desafios, outras perspectivas surgiram no âmbito dos estudos de Segurança Internacional. Primeiramente, e em oposição à tradição realista, os Estudos da Paz que associariam a segurança à prevenção e à superação da guerra e à promoção da paz, trazendo consigo uma agenda que seria particularmente importante na promoção do debate sobre os riscos e as consequências indesejáveis da estratégia nuclear, o surgimento de novos referentes de segurança para além dos Estados, a promoção e a proteção dos direitos civis como objeto da segurança nacional e internacional, dentre outros tópicos. Ao mesmo tempo, por sua vez, despontariam perspectivas e autores como Mohammed Ayoob, voltados para a condição de segurança de Estados e espaços tidos como marginais no contexto da Guerra Fria, introduzindo assim as preocupações e os desafios de segurança do então chamado Terceiro Mundo na agenda dos estudos de segurança.

É possível depreender do que foi exposto até aqui que o debate sobre o que é segurança, de modo geral, e sobre a segurança internacional, em particular, segue aberto. Partiu e evoluiu sob o signo da Guerra Fria e da primazia do pensamento realista que privilegiou interesses, valores e objetivos precipuamente voltados para a sobrevivência, a preservação da integridade territorial e da independência dos Estados, passando a incorporar gradualmente preocupações relativas ao bem-estar econômico e social das populações, inclusive do Terceiro Mundo, até encampar a promoção da paz, o surgimento de novos referentes para a segurança para além dos Estados e a promoção e proteção de direitos dos indivíduos. Assiste-se ao alargamento do escopo do conceito de segurança e, com isso, do próprio debate sobre como promovê-la no plano político.

Nesse sentido, é de fundamental importância ressaltar que o debate sobre o que é segurança não é meramente conceitual. Uma das grandes contribuições do debate conceitual é precisamente evidenciar sua natureza intrinsecamente política. Afinal, as respostas para o que significa segurança possuem repercussões também de ordem prática para distintos povos ou países em determinado período da história. Dependendo de como se responde a "o que é segurança", haverá também diferentes possibilidades sobre como se dará o esforço distributivo de recursos na política. Dado o caráter prático do debate sobre segurança internacional, o debate conceitual pode ser mobilizado para objetivos políticos, moldando assim a própria realidade de segurança a que objetiva garantir.

A segunda pergunta basilar é "segurança de quem?". Apesar do caráter aberto do conceito, dificultando a existência de uma única definição, é comum observar que a segurança é em geral analisada sob um prisma relacional. Segurança existe no âmbito da interação entre um referente e uma ameaça a um determinado valor. Tradicionalmente, os Estados são percebidos como os principais referentes da segurança internacional. A segurança do Estado ou a segurança nacional foi, por muito tempo, percebida como similar à segurança de toda a coletividade. Entretanto, de indivíduos ao sistema internacional, um amplo conjunto de referentes, além dos próprios Estados, é possível no que concerne à segurança.

Como coloca Baldwin (1997), a escolha sobre o referente de segurança depende da pergunta e de como a fazemos. Por esse motivo, a ampliação e o aprofundamento do conceito de segurança são mister para apreender a complexidade e as implicações políticas acerca de como definimos segurança e a quem ela se dirige. Desde o final da Guerra Fria, observou-se o deslocamento do Estado como referente de segurança em favor dos indivíduos e das sociedades. O debate intelectual e político sobre a segurança no plano internacional, tradicionalmente centrado no Estado, deslocou-se para os níveis societário e humano (Buzan e Hansen, 2009), questionando a premissa de que a segurança dos Estados equivalia à segurança das sociedades e dos indivíduos. Isso porque se tornavam patentes as dificuldades e, em muitos casos, o fracasso dos próprios Estados em assegurar condições mínimas de segurança às populações em seus respectivos territórios, uma de suas funções primordiais. A exposição de indivíduos a diversas formas de violência armada sob a conivência ou a incapacidade dos respectivos governos de contê-las e de protegê-los instou o debate sobre as eventuais respostas da comunidade internacional frente a calamidades humanitárias, como foram os conflitos na Bósnia (1992-1995) e o genocídio em Ruanda (1994). A profusão de guerras civis e conflitos étnicos no imediato pós-Guerra Fria concorreu diretamente para a necessidade de repensar o paradigma realista da segurança internacional.

Em decorrência, também se repensaram novas formulações conceituais sobre segurança usualmente atreladas a novos referentes – em particular os indivíduos, fazendo emergir a segurança humana – ou a temas, como meio ambiente, energia, alimentação, saúde, dentre outros. Isso levou a que a segurança fosse igualmente adjetivada (segurança ambiental, energética, alimentar, de saúde etc.), dando conta da crescente diversidade de referentes e das agendas de segurança e dos enlaces entre elas. Por isso, ganhou força o sentido de que a segurança deve ser compreendida em perspectiva multidimensional.

A diversificação de referentes, espaços e agendas da segurança refletia uma realidade muito mais complexa e desafiadora, tanto do ponto de vista político quanto intelectual. Por consequência, se ampliaram e acirraram os debates políticos e teóricos em torno da compreensão de fenômenos e processos ligados à segurança internacional. Assim, o debate público se torna mais complexo, na medida em que distintas perspectivas e agendas securitárias se chocam e devem ser traduzidas politicamente em decisões, ações e alocação de recursos. Dessa forma, a própria definição de segurança termina se associando a um processo de convencimento e de escolhas com importantes impactos distributivos e redistributivos nas sociedades, de modo geral. Por essa razão, responder "o que é segurança" e "segurança para quem" deixa de ser uma questão de apelo estritamente teórico-conceitual e assume uma conotação irremediavelmente política. Isso se dá por força do imperativo de que os agentes públicos e as sociedades em geral estabeleçam suas prioridades e objetivos no plano da segurança e discutam as opções para assignarem recursos, considerando uma gama mais diversa de referentes, de espaços e agendas, assim como de ameaças, de riscos e de crescentes margens de vulnerabilidade a serem confrontados.

As crescentes dificuldades de delimitar conceitualmente o fenômeno da segurança levaram alguns autores a questionarem e até mesmo negarem a possibilidade de uma adequada conceituação para segurança. Os autores da assim chamada Escola de Copenhague, como Barry Buzan e Hansen, pontuam cinco razões para o ceticismo acerca do conceito de segurança. A primeira delas decorre da dificuldade inerente ao próprio conceito. Afinal, como estabelecer, em definitivo, o que é segurança? Como esse conceito viaja no tempo e no espaço? Uma segunda razão consiste na sobreposição dos conceitos de poder e segurança. Conforme visto anteriormente, os Estudos de Segurança Internacional, como campo, tiveram forte vinculação com a tradição realista em sua origem. Autores considerados representativos do realismo clássico, como Carr, Morgenthau e Aron, reconheceram e consagraram a vinculação entre poder e segurança, o que viria a ser contestado, posteriormente, por outras correntes teóricas. Um terceiro motivo para a negação em questão tem raiz no fato de que como o conceito de segurança era dado, não haveria interesse em uma reflexão explícita acerca dele. Isso se soma ao quarto motivo, tocante a uma atenção maior aos novos desenvolvimentos tecnológicos e a seus impactos para dinâmicas de segurança (por exemplo, novos vetores de entrega para armas nucleares) do que dedicar esforços para uma reflexão introspectiva acerca da episteme da segurança. Por fim, Buzan e Hansen (2009) consideram que a ambiguidade do conceito de segurança "nacional" é politicamente útil. Por exemplo, em decorrência dos ataques terroristas de 11 de setembro de 2001, surgiram nos EUA inovações legais, como o Ato Patriótico. Percebido pelo governo Bush Jr. como um meio para melhor proteger a sociedade americana, foi acusado por críticos de rasgar valores da Constituição do país, como o direito à privacidade e outras liberdades civis.

Afinal, o que conta como um tema ou problema de segurança? Como já visto, o conceito de segurança abarcava tradicionalmente aspectos de interesse dos Estados, como a sobrevivência (existencial), a independência política e a integridade territorial. No último meio século, outros valores foram adicionados a esse rol, tais como autonomia, bem-estar e equidade econômica e social, dignidade humana, equilíbrio ambiental, sustentabilidade do desenvolvimento, democracia, dentre vários outros. e psicológico. Com o alargamento do conjunto de referentes e da agenda da segurança internacional, também os desígnios de segurança dos indivíduos e de outros referentes passaram a ganhar relevância. Com isso, se impunha a necessidade de novas formulações capazes de atualizar e expandir o debate também no plano teórico e conceitual.

Como foi visto, a demonstrar que o conceito de segurança é importante e deve ser objeto de reflexão sistemática, a literatura conceitual contribui para lançar luzes sobre as implicações políticas dos conceitos em áreas como liberdades civis e orçamento público. Algumas questões e dilemas também se impunham: em que medida a segurança nacional ou da própria comunidade internacional justifica a supressão de liberdades individuais? Em que circunstâncias é aceitável que vultosos recursos públicos sejam destinados para as Forças Armadas, quando poderiam ser alocados para o atendimento de outras necessidades, por exemplo, nos âmbitos da saúde e da educação? A definição do conceito de segurança é fundamental para a disputa e alocação de recursos, em especial o orçamento. Ao apelarem à "segurança", atores políticos buscam mobilizar apoio e atenção para seus objetivos, buscando assim influenciar o jogo distributivo e a alocação de recursos por parte do Estado. Entretanto, em sociedades complexas e plurais, a própria definição de segurança é objeto de debate e contestação. Por esse motivo, uma segunda contribuição do debate conceitual sobre segurança foi trazer à tona a necessidade de se levar em consideração os chamados setores de segurança.

Contribuição exemplar da Escola de Copenhague, a abordagem setorial de segurança nos ajuda a pensá-la a partir de distintos referentes, níveis de análise e desafios específicos. Surgida nos anos 1980, a Escola de Copenhague trouxe consigo a tarefa de ampliar o escopo da segurança internacional para além da tradicional ênfase nos Estados e nos temas militares. Ao fazê-lo, a referida Escola propôs cinco grandes setores de segurança, quais sejam: o militar, o político, o econômico, o societário e, por fim, o ambiental. O primeiro setor, o militar, confunde-se com a área dos Estudos Estratégicos, concentrado na questão das capacidades militares, das dinâmicas ofensivas e defensivas, dos armamentos e das percepções e doutrinas sobre o emprego da força. O setor político diz respeito à questão da estabilidade organizacional dos Estados, de seus sistemas de governo, sua legitimidade e ideologia. O setor econômico traz em si a questão do acesso a recursos voltados a objetivos, como a promoção do poder nacional e da prosperidade econômica. O setor societário enfatiza desafios tradicionalmente subjetivos, como cultura, língua e identidade nacional. Finalmente, o setor ambiental enfatiza o problema de manutenção da vida e sua sustentação diante dos desafios da ação humana, e de seus impactos sobre o meio ambiente e clima.

Assim, e por princípio, quaisquer temas atinentes a essas áreas podem suscitar e ser convertidos em objeto de preocupações de segurança desde a ótica de distintos referentes. Trata-se, portanto, de um processo no qual diferentes atores (indivíduos, organizações, Estados, dentre outros) procuram fazer com que suas respectivas preocupações e prioridades em termos de segurança encontrem acolhida, prevaleçam ou sejam assumidas como prioritárias na construção e definição das políticas de segurança de uma coletividade maior. Conforme explanam os autores da Escola de Copenhague, o percurso que leva o tema segurança a ser considerado como tal no seio de uma coletividade consiste no processo de securitização. Tal processo envolve a capacidade de um determinado grupo de comunicar, convencer e mobilizar recursos para que o que é considerado relevante ou prioritário como preocupação de segurança seja politicamente assumido como tal pela coletividade maior a que integra. Como em todo agrupamento político, há um componente de desigualdade que lhe é inerente. Assim, as desigualdades presentes em qualquer sociedade, e também no sistema internacional, afetam a capacidade de certos grupos ou países terem ou não sucesso na definição de segurança, de segurança para quem e, em última instância, do que deve ser prioridade na agenda.

Assim, e em larga medida, uma parte substantivamente importante da política internacional voltada para a segurança está conformada pelos intentos de parte de diferentes indivíduos, movimentos sociais, agrupamentos políticos, comunidades epistêmicas, Estados, organismos internacionais governamentais e não governamentais e corporações, inclusive as transnacionais, de exercerem influência na construção das pautas políticas e na definição das iniciativas e ações dela decorrentes em favor de seus respectivos interesses e objetivos no plano da segurança. Dentro desse processo, a definição dos temas a serem "securitizados" dependerá da capacidade de tais grupos de mobilização política e de fazer prevalecer aqueles que consideram prioritários. O processo de securitização de um tema envolve, simultaneamente, portanto, conflitos, disputas e barganhas, mas envolve também uma dimensão de cooperação e de ação coletiva. É precisamente em razão do processo contínuo de securitização de um amplo espectro de temas que a agenda da segurança internacional se expandiu notavelmente desde o fim da Guerra Fria, tornando maiores e mais complexos os desafios neste campo, e mais diverso e profundo o debate teórico sobre a segurança internacional.

Por fim, após indagar o que é a segurança, a quem ela se dirige e o que é um tema/objeto de segurança, cabe questionar como alcançar a segurança. Autores como Baldwin (1997) apresentam três parâmetros básicos para essa questão, sendo eles: 1) Com que meios?; 2) A que custo?; 3) Por quanto tempo? Primeiramente, a depender da definição dada para segurança, seus referentes e seu destinatário, as respostas tendem a ser diferentes. Para situações em que a segurança é um conceito estadocêntrico vinculado ao poder material, o caminho para alcançar a segurança passa notavelmente pelo desenvolvimento de capacidades militares, percebidas como uma forma de maximizar poder. Porém, na atualidade, não se poderia discutir "segurança para quem?" sem mencionar o imperativo ambiental. As perspectivas ecológicas e ambientais ganham cada vez mais premência nos debates sobre segurança internacional, constituindo-se atualmente na fronteira dos processos de ampliação e aprofundamento do que se entende por segurança internacional. Por sua vez, para perspectivas tradicionais de segurança, a forma de alcançá-la poderá estar mais ligada a um profundo processo de construção estatal, desenvolvimento econômico e autonomia, questões tão prementes para os países em descolonização durante a Guerra Fria. Para casos em que regimes autocráticos eram derrubados, a forma de se alcançar a segurança passava pela estabilidade da democracia, por exemplo.

Uma segunda questão acerca dessa operacionalização da segurança é a que custo. A definição daquilo que é segurança e daquilo que é essencial é fundamental no jogo distributivo. Definir algo como problema de segurança tende a colocá-lo sob uma áurea de prioridade, ou mesmo de urgência, o que implica mobilizar recursos humanos, materiais e financeiros disponíveis para seu adequado atendimento. Isso, por sua vez, traz consigo a questão de caráter simultaneamente político e econômico que é a alocação de recursos usualmente limitados para o atendimento das necessidades neste e em outros campos de políticas públicas. Fica patente, portanto, a existência de um estreito vínculo entre a política (a esfera para a qual convergem as demandas de segurança e na qual são forjadas e tomadas as decisões alocativas em última instância), a economia (campo do qual provêm os recursos para o atendimento daquelas necessidades) e o campo da segurança (onde estão os atores responsáveis pela implementação das políticas e pelo provimento da segurança ao Estado e à sociedade em seu conjunto). Há que se tomar em conta, portanto, de um lado, necessidades, demandas e prioridades dos Estados e das sociedades em termos de segurança e, de outro, as possibilidades de suprimento de recursos adequados ou suficientes para o atendimento daquelas. Nesse sentido, é importante chamar a atenção desde já para a importância dos gastos dos Estados com sua própria segurança, os quais se desdobram em gastos militares (estes mais facilmente identificáveis, porque mais concentrados) e nos gastos direcionados a todas as demais instâncias que integram o aparato de segurança voltado para a atuação no plano internacional. Portanto, a questão crucial de quanto os Estados e as sociedades estão dispostos a gastar em sua própria segurança depende de um conjunto de variáveis que transcendem a própria esfera da segurança e da própria política externa dos países, e que são de natureza política e econômica.

Uma outra questão se refere ao tempo. Por quanto tempo se deve sustentar uma determinada política de segurança? Conforme nos aponta Baldwin (1997), uma política de segurança é condicionada pelo objetivo (valor que quer assegurar) e pelo tempo que persiste uma determinada ameaça. Contudo, os Estados têm que lidar com políticas de curto e longo prazo. Às vezes, essas políticas entram em conflito. Um exemplo é a *Estratégia de Segurança Nacional dos Estados Unidos da América*, documento basilar assinado pelo presidente dos EUA que estabelece a avaliação estratégica do ambiente internacional, os objetivos do país no campo da segurança e ameaças que se apresentam ao país. Normalmente apontando tendências de longo prazo, o documento sustenta o compromisso permanente com a defesa dos valores americanos, entre os quais aqueles afeitos à sua segurança. Como sabido, os EUA possuem estratégias de dissuasão apoiadas fortemente em seu aparato nuclear. Objetivando desencorajar uma ação ofensiva por parte de seus inimigos, essa postura estratégica é também de longo prazo, apesar de ser mais intensa em períodos de crise, como o fora na crise dos mísseis em 1962. Conflitos ativos, como o da península coreana e entre Índia e Paquistão (Caxemira), demonstram que certos problemas de segurança podem se desdobrar por décadas a fio, envolvendo mobilização militar, de meios e alocação de recursos orçamentários que poderiam ser importantes para outras áreas, como saúde, educação ou saneamento básico. À questão dos muitos desafios de segurança no plano internacional apontarem para perspectivas de longo prazo se sobrepõem, de um lado, a avaliação da efetividade de uma determinada política na consecução dos objetivos pretendidos no curto e no médio prazo e, de outro lado, as considerações de ordem econômica necessárias para sustentá-la por períodos maiores de tempo, e a existência de opções factíveis e críveis à política em curso.

Por fim, pode-se indagar: quanto de segurança é suficiente? Existirá segurança em absoluto? Baldwin (1997) nos aponta que a concepção dicotômica entre seguro-inseguro pode ser mais bem colocada sob o prisma de qual nível ou grau de segurança se espera alcançar. Isso se materializa na questão sobre o quanto de segurança é suficiente. Apesar de parecer abstrata, essa questão ganhou corpo diante do dilema de segurança e sua respectiva corrida armamentista no contexto da Guerra Fria, como explicado na sequência. Ambas ocorrem como resultado de um paradoxo, ilustrado pela sequência de eventos a seguir:

1. Na busca por aumentar sua segurança, um Estado aumenta e/ou incrementa suas capacidades militares.
2. No entanto, outros Estados podem interpretar essa conduta como parte da preparação de uma ofensiva contra eles.
3. Motivados mais pelo medo do que por ganhos, se engajam em um esforço semelhante, incorrendo na mudança quantitativa e qualitativa de suas capacidades militares.
4. O primeiro Estado a começar o movimento terá uma redução marginal de sua segurança, o que o moverá a aumentar ainda mais as suas capacidades militares, impactando novamente no comportamento de seus pares (Jervis, 1999).

Tanto os EUA como a URSS buscaram aumentar e melhorar os seus arsenais nucleares e sistemas de entrega de forma a poder lograr vantagem contra o seu oponente em caso de primeiro ou segundo ataque com armas nucleares. Entretanto, ao chegarem a um determinado quantitativo de meios, somada a diversidade de sistemas de entrega (tríade nuclear), atingiu-se a situação de "equilíbrio" caracterizada como Destruição Mútua Assegurada, na sigla em inglês MAD. Note-se que no exemplo exposto se associa segurança a poder (militar). Portanto, o quanto de segurança é necessário é uma questão que passa pela percepção e pelo dimensionamento das ameaças e dos riscos considerados, e também das vulnerabilidades que acometem os Estados e, por extensão, suas respectivas sociedades.

A título de balanço parcial, é possível afirmar que o debate acerca do conceito de segurança, impulsionado durante os anos 1980 e 1990, foi fundamental para a maior conscientização acerca de como definimos segurança internacional, como ameaças são construídas e como ocorre o convencimento nas sociedades e nos governos, de forma a que se justifiquem a alocação de recursos para o enfrentamento de ameaças ou desafios percebidos. A evolução desse debate se deu não apenas sob os ares da Guerra Fria e das ameaças existenciais que o conflito geopolítico suscitava, então, aos diversos povos. Questões como a autodeterminação dos povos, o desenvolvimento e subdesenvolvimento e a paz se somaram ao temário já consagrado dos estudos de segurança.

Além do contexto histórico, os debates apresentados ocorreram em sintonia com um vultoso processo de discussão teórica e epistemológica no âmbito das Ciências Sociais e nas Relações Internacionais. Desde o debate "Neo-Neo" entre realistas e liberais até o advento do construtivismo nas RI e das opções teóricas (e metateóricas) pós-positivistas, se deu a evolução dos estudos de Segurança Internacional. Contudo, nem todos consideraram que a profusão de debates teóricos e epistemológicos foi necessariamente benéfica para o estudo da segurança e suas implicações para políticas públicas. Para Baldwin, as propostas de ressignificação do conceito de segurança misturavam argumentos normativos e empíricos. Esse mesmo autor desenvolve um amplo argumento no qual conclui que boa parte do debate conceitual se concentrou mais em redefinir agendas políticas do que necessariamente discutir e reconstruir de modo conceitual o que significa segurança.

Além de trazer maior diversidade aos estudos de segurança, o diálogo, nem sempre tranquilo, entre realistas, liberais, construtivistas e teóricos críticos, entre outros, foi importante para impulsionar os estudos de segurança e contribuir para o seu avanço. Um dos primeiros ganhos desse processo foi colocar a concepção de segurança em perspectiva, vindo a erigir uma literatura conceitual de forma a mitigar o subdesenvolvimento do conceito de segurança. Durante a "Era de Ouro" dos Estudos Estratégicos, o conceito de segurança era tomado como dado, fixo e fortemente atrelado à segurança do Estado, conforme visto previamente. Entretanto, a depender do ponto de vista (individual, coletivo ou do Estado), o que pode ser segurança para um poderá não o ser para outro. Isso se dá porque segurança se refere a valores de um determinado referente. Soberania, integridade territorial, liberdades civis, igualdade jurídica e equidade podem ser identificadas como valores para os quais se almeja a segurança. Isso pode variar, de país para país, de região para região ou de tempos em tempos. Por essa razão, o debate acerca do conceito de segurança é importante para demonstrar a sua complexidade contextual, mas também porque nos educa a buscar como identificar a segurança de quem, quando e em relação a que ou quem.

Geopolítica, estratégia militar e guerra

Dos ataques terroristas contra os Estados Unidos em 11 de setembro de 2001 à guerra russo-ucraniana de 2022, o fenômeno da guerra se fez presente como um dos aspectos definidores do nosso tempo. Distinto do que postulavam expectativas fincadas no ideal da vitória liberal-capitalista com o fim da Guerra Fria, o uso da força militar como instrumento da política ganha em nossos tempos contornos de maior complexidade.

Mas como compreender a atualidade do fenômeno da guerra e o seu papel estruturador das relações internacionais? Como o leitor verá neste capítulo, o fenômeno da guerra não ocorre no vácuo histórico e social. As guerras em geral possuem íntima relação com a geopolítica, sistemas de aliança e concepções estratégicas adotadas pelos contendores. Com esse objetivo, este capítulo busca ambientar o leitor a partir desses fatores, os quais compõem um fundamental aporte para interpretar a realidade da força militar e a sua conexão com a política nacional e internacional na atualidade.

Quando você liga a televisão ou assiste a uma reportagem na internet e se depara com eventos bélicos, o que você está vendo – para além das impressões conjunturais – é, sobretudo, uma manifestação de um fenômeno político, no qual a ideia de poder encontra centralidade. Poder, em sua essência, pode ser entendido como uma capacidade de um ator causar um comportamento em outros. Ou seja, apesar de aspectos tangíveis como as armas nucleares ou o tamanho do território serem percebidos como fontes de poder, este é fundamentalmente relacional e interativo. E nesse caso, relações de poder se dão desde a esfera micro – entre indivíduos – até a macro, englobando Estados nacionais e organizações internacionais, como o Brasil e as Nações Unidas, respectivamente.

Contudo, o poder em si é um instrumento, não um fim. Os fins pelos quais se busca ou se aplica o poder normalmente são de caráter político, cuja natureza é caracterizada por diferentes preferências, perspectivas e desigualdade de meios entre atores que desejam coisas às vezes antagônicas. Nesse caso, a política pode ser a forma pela qual o governo opera para a consecução de objetivos comuns e a vida em sociedade, e também são políticos os objetivos por quais grupos se antagonizam. Por essa razão, o poder, a guerra e a geopolítica estão umbilicalmente conectados com a política, nacional e internacional. Como mencionado previamente, geopolítica, estratégia e guerra estão subordinadas em essência à política. Assim, objetivos políticos são fruto de escolhas que lideranças e elites políticas fazem, sob o escrutínio popular ou não. Com base na definição de objetivos do nível político, tanto as estratégias como a relevância e a priorização das distintas geografias são reavaliadas à luz das preferências políticas a guiar a aplicação do poder, dentre as suas expressões, a militar.

Contudo, o poder e a guerra não se realizam no vácuo, mas sim no tempo e no espaço. Há muito se sabe que o período histórico contribui para atribuir sentido àquilo pelo qual se luta, mas também à própria definição dos valores que ensejam disputas de poder. Por exemplo, a Guerra Fria interpôs ideologias políticas e modelos de sociedade pelos quais países e grupos armados lutaram e morreram. Por sua vez, apesar de termos, nas Relações Internacionais, uma consciência histórica bem desenvolvida, o papel do espaço, ou de onde o poder é aplicado, muitas vezes nos escapa, seja em teorizações, seja em análises empíricas. Para que isso não nos ocorra, o estudo da geopolítica cumpre um papel essencial de dar contexto físico, territorial e espacial, não só para a compreensão do poder, como também da guerra e da segurança.

A Geopolítica tem sua origem no desenvolvimento da Geografia Política na segunda metade do século XIX. Enquanto importantes eventos históricos marcaram a história mundial – como a expansão territorial dos Estados Unidos e as guerras de unificação da Alemanha –, autores como Friedrich Ratzel e Rudolf Kjellén aportaram valorosas contribuições intelectuais, tanto para a Geografia Política como para o surgimento posterior da Geopolítica. Somadas as influências da História e da Ciência Política, a Geopolítica surgiria como campo do saber no século XX com teorias próprias, em particular a Teoria do Heartland de Halford Mackinder e a do Rimland de Nicholas Spykman.

Embora a primeira metade do século XX tenha acompanhado o rápido desenvolvimento da Geopolítica e a sua popularização no debate público, após a Segunda Guerra Mundial a expressão "geopolítica" tornou-se malvista e associada a políticas agressivas e expansionistas do Eixo (Alemanha, Itália e Japão). Entretanto, não obstante seu ocultamento no confronto de ideias no Ocidente nas primeiras décadas da Guerra Fria, a Geopolítica como ciência teve o seu *status* progressivamente recuperado após os 1970. Ao atentarmos para as diversas conceituações sobre Geopolítica, fica fácil entender as razões de sua reabilitação intelectual. Enquanto para personagens como Kissinger o estudo e a prática da Geopolítica seriam essenciais para denotar uma preocupação com o equilíbrio de poder, também eram uma forma de combater tanto tendências idealistas como ideologias radicais – a exemplo do anticomunismo – que contaminavam a política externa e grande estratégia dos Estados Unidos. Mas como a Geopolítica exerce essa contribuição? Entre as definições disponíveis, a Geopolítica era vista como o estudo da influência dos fatores geográficos na política internacional;

nutria em sua essência uma teoria de relações espaciais e de causalidade histórica. Em suma, a Geopolítica trata essencialmente da aplicação do poder nos espaços geográficos.

Sob essa ótica, a Geopolítica constituía uma ferramenta essencial para a política e a segurança internacional, tanto do ponto de vista analítico como normativo. Analítico, pois oferecia enquadramentos teóricos e conceituais úteis para a explicação e a interpretação da realidade de poder. Normativo, pois a análise era em geral acompanhada de recomendações. Entre os diversos exemplos possíveis, salta aos olhos a influência de George Kennan e o "Longo Telegrama" para a política de contenção à União das Repúblicas Socialistas Soviéticas (URSS). Como uma ciência a serviço do poder ou da sua busca, a Geopolítica teve a tendência de ser um instrumento do "conselheiro do príncipe", em referência ao papel de Maquiavel junto aos Médici. Nesse sentido, espaço, território e localização são variáveis essenciais para a compreensão do poder e da segurança internacional. Contudo, como a Geopolítica explica essa relação?

Entre as suas diversas contribuições acadêmicas e práticas, a Geopolítica ensina que o poder é exercido não apenas no tempo, mas também no espaço. Assim, o contexto geográfico em que o poder opera é fundamental para o seu significado e efeito. Certos territórios – ao longo do processo histórico – adquirem valor simbólico inestimável para algumas coletividades, ensejando disputas violentas e às vezes guerras. Por exemplo, a árida Jerusalém foi objeto de disputa ao longo de milênios e, atualmente, ainda é objeto de tensão entre judeus e muçulmanos. As ilhas Malvinas/Falkland, não obstante a sua pequena relevância econômica, foram objeto de conflito armado entre Argentina e Reino Unido em 1982 e até a atualidade Buenos Aires contesta a soberania britânica sobre as ilhas. Entretanto, tanto a dimensão simbólica como a econômica podem se somar na valoração de disputas territoriais. Um exemplo é a crise entre Venezuela e Guiana pela região de Essequibo, especialmente após a descoberta de petróleo *offshore*. Ou seja, territórios possuem não apenas valor econômico, mas também valor simbólico, forças importantes na compreensão de conflitos violentos. Ademais, territórios possuem localizações estratégicas, como os estreitos, e recursos não apenas naturais, como o petróleo, mas também humanos, como a população.

Se, por sua vez, a história se mescla com a geografia no surgimento de territórios fortemente disputados, a política é outra variável essencial à geopolítica. Sob a égide do poder, a política, em sua essência ligada à arte ou à ciência de governar, lida umbilicalmente com o conflito e a distribuição de recursos socialmente variáveis entre grupos ou países. Assim, os exemplos anteriores compõem a máxima de que território é poder. O controle de Jerusalém foi e é uma expressão de poder político e simbólico para quem detém o seu controle ao longo dos séculos. A soberania sobre as Malvinas/Falkland expressa uma realidade de poder profundamente desagradável para a Argentina, reforçando os ecos dos traços imperiais do Reino Unido no Atlântico Sul. Tal como a disputa por Essequibo pela Venezuela é, atualmente, um componente fundamental na luta política pela coesão nacional e sustentação do regime bolivariano. Entre exemplos não aqui mencionados, citemos o controle secular por parte da Turquia dos estreitos de Bósforo e Dardanelos. Com esse controle territorial, Ancara possui as chaves das portas entre o mar Negro e o Mediterrâneo Oriental, área profundamente sensível para a geopolítica da Eurásia.

Mas se a Geopolítica tem na história e na política componentes inestimáveis que nos educam para melhor compreender o poder e o uso da força nas relações internacionais, afinal, qual papel desempenha a Geografia em si? Como dissemos anteriormente, toda ação ocorre no tempo e no espaço, um ambiente físico onde se dão relações de cooperação, competição e conflito. Afinal, sustenta-se a máxima de que "o poder é local". Espaços em geral são territorializados. Em um mundo de Estados-nações, países são compostos por uma estrutura política de Estado e governo, um povo e um território, o qual limita, em tese, o alcance de sua soberania. Relações de poder limitam espaços, convertendo-os em territórios demarcados por fronteiras e limites. Como produtos de relações historicamente subordinadas, fronteiras e limites mudam com o decurso do tempo, da mesma forma pela qual Estados nascem e morrem, territórios são reconfigurados à luz das dinâmicas sociopolíticas, mas também influenciadas pela economia política. Por exemplo, entre os séculos XIV e XX, o oceano Atlântico – em particular a sua porção norte – foi o centro da riqueza produzida pela economia política do primeiro impulso de mundialização inaugurada no século XIV por portugueses e espanhóis. Esse impulso afetou não apenas a construção de uma economia global capitalista, como também modificou estruturalmente o destino de seus povos e a territorialização em todos os continentes. Enquanto escrevemos, o século XXI vive a transição para o oceano Pacífico do polo geoeconômico global, onde agora a China e sua iniciativa da Nova Rota da Seda (One Belt One Road) reconfiguram o mapa econômico e de poder, influenciando na revisão da territorialidade em áreas como o mar do Sul da China e estreito de Taiwan. Esses exemplos são importantes para lembrar o leitor de que, ao mencionarmos território, normalmente pensamos a dimensão terrestre, o que é incompleto. Países possuem expressões territoriais em distintas dimensões, como em terra, mar, ar, espaço e ciberespaço. Em cada um deles, e mais comumente entre eles, dinâmicas de poder e de disputa territorial ocorrem com expressões mais ou menos violentas.

Somada a importância da territorialidade, outra variável essencial na Geopolítica é a distância. Se a Geografia é baseada em fluxos e fixos, o poder e suas dinâmicas são essencialmente dinâmicos. Territórios podem ser reconfigurados, o controle pode mudar de mãos, significados podem ser alterados. Afinal, se lembrarmos da Primeira Guerra Mundial, nos virá à mente que esse conflito foi em seu resultado um grande cemitério de impérios. Entretanto, fatores dinâmicos da Geografia, como limites e fronteiras, são essenciais na demarcação das distâncias entre antagonistas ou competidores. Isso porque o poder é, sim, relacional, mas também é algo a que se projeta nas relações internacionais. Seja através de meios militares, da economia e finanças, seja pela cultura, a distância é um dado – cada vez mais relativo – que impacta as dinâmicas de poder e a própria geopolítica contemporânea. Por exemplo, o desenvolvimento de sistemas como drones e mísseis balísticos e de cruzeiro, somada a sua popularização entre grupos armados não estatais, torna possível uma dinâmica violenta entre Hamas e Hezbollah contra Israel, tal como o emprego da "diplomacia da violência" entre Israel e Irã. Entre os dois últimos, tem sido possível a troca de ataques missílicos em distâncias superiores a mais de 1.000 quilômetros. Entretanto, entre Israel e Irã ainda estão no caminho Líbano, Síria e Iraque, tornando o conflito terrestre direto muito mais difícil de conceber. Ou seja, distância, apesar de relativa em virtude do desenvolvimento tecnológico, ainda é uma variável fundamental na projeção de poder militar convencional. Nesse sentido, mudanças tecnológicas, em particular em transporte e logística, se somam a mudanças em plataformas e sistemas de armas na reconfiguração de como pensamos a relação entre geografia e força nas relações internacionais. Por essa razão, a Geopolítica tem que dialogar com a Geografia Física, mas também com a estratégia.

Os elementos apresentados até agora nos ajudam a entender o contexto geopolítico contemporâneo, sem o qual as guerras e as alianças em curso são dificilmente compreendidas. Se Kissinger associava a geopolítica ao equilíbrio de poder com fins de assegurar a segurança, o mundo contemporâneo assiste a um processo de mudança do equilíbrio global e regional de poder, somado à emergência de uma configuração multipolar nucleada em ao menos três polos: os Estados Unidos, a China e a Rússia. Essa mudança tectônica não ocorre sem conflito, como vemos na guerra russo-ucraniana ou nas crises no estreito de Taiwan. Entre os seus eixos centrais, limites e fronteiras constituem preocupações basilares e são, em si, objeto de conflito e competição. Entretanto, para uma compreensão mais aprofundada desses aspectos, cabe lançar luz sobre a relação entre geopolítica e estratégia.

Espaços geográficos possuem valor tanto material como simbólico, com importantes repercussões para a segurança nacional e internacional. Na prática, a geografia pode ser entendida como a mãe da estratégia. Contudo, como a geografia passa a importar para objetivos políticos de Estados ou grupos políticos não estatais? Em geral, um instrumento fundamental para a leitura da realidade e a ação sobre ela é o estudo da estratégia. Estratégia pode ser definida como a utilização de meios e formas de aplicação dos instrumentos de Estado para a consecução de objetivos políticos. Em uma perspectiva didática, a estratégia pode ser entendida tendo por analogia uma ponte. Nesse diapasão, a estratégia funciona como a ponte que liga meios e formas de emprego desses meios para a produção dos resultados demandados pela política. No mundo anglo-saxônico, a compreensão de estratégia tem sido simplificada pela fórmula $E = O + F + M$ (no original em inglês lê-se $S = E + W + M$), em que "E" significa Estratégia, "O" objetivos, "F" formas e "M" meios.

Se a estratégia versa sobre como alcançar objetivos, estes podem estar em distintos níveis, como político, estratégico, operacional e tático, representados por diferentes instâncias decisórias e de atuação do Estado. Assim, por exemplo, o nível político normalmente corresponde à Presidência ou ao Executivo em geral, o estratégico ao âmbito ministerial, como o Ministério da Defesa; já os níveis operacional e tático estariam relacionadas às Forças Armadas e a uma Grande Unidade (por exemplo, Brigada), respectivamente. Por essa razão, em alguns países ocorre a distinção entre níveis de estratégia, sendo a mais elevada a chamada Grande Estratégia ou Estratégia Nacional. No caso, a Estratégia Militar versa essencialmente sobre aquilo que teóricos como Clausewitz definiam como o aproveitamento dos engajamentos (batalhas) para o benefício dos objetivos da guerra, ocorrendo entre o nível estratégico e operacional.

Apesar de às vezes definida como uma forma de alocação de recursos em favor de objetivos militares, ou como o planejamento e execução de operações militares em favor de objetivos de segurança, a estratégia – em todos os seus níveis – engloba um inestimável componente de arte e ciência. Por isso, confundir estratégia com planejamento é uma forma de esvaziar sua complexidade e utilidade. Dado seu caráter instrumental, a estratégia é essencial em todos os níveis de decisão e atuação. No âmbito nacional, países como os Estados Unidos possuem grandes estratégias, oficialmente denominadas de *Estratégia de Segurança Nacional*. Documento oficial assinado pelo presidente da República, informa os objetivos políticos e de segurança, discorre sobre meios militares e não militares e indica cursos de ação a iluminar estratégias setoriais. Estratégias nacionais não estão apenas presentes no Ocidente, mas também no Oriente. Por exemplo, em 2019 a China publicou o seu Livro Branco de Defesa, denominado *A Defesa Nacional da China na Nova Era* (China, 2019).

Mas para que servem estratégias nacionais? Entre outras funções, esse tipo de estratégia tende a transmitir diretrizes mais claras para os níveis ministeriais e subsetoriais, facilitando ações como o planejamento, o desenvolvimento e a aquisição de meios militares, por exemplo. Na ausência de diretrizes claras emanadas do nível político, uma estratégia militar pode não possuir um norte bem calibrado. O Brasil é um exemplo desse problema. Não havendo uma grande estratégia brasileira, o Ministério da Defesa e as Forças Armadas inferem os objetivos políticos, os quais, em tese, orientam suas missões. Isso impacta no desenho e no dimensionamento de força, na alocação de recursos, mas também no escopo de missões e tarefas militares. Por exemplo, definições do nível político sobre a configuração ou identificação de desafios de segurança ou ameaças é fundamental não apenas para a construção de cenários de emprego militar, mas também para a priorização de programas e projetos estratégicos. De forma mais clara, caso o nível político entenda o combate ao crime organizado e ao narcotráfico como principal ameaça securitária e de defesa, isso, em tese, impeliria a construção de Forças Armadas muito diferentes, se a política entender que o cerne de desafios de segurança seja uma ameaça interestatal convencional. No primeiro caso, poderíamos ter forças moldadas para Operações Outras que não a Guerra (MOOTW, na sigla em inglês), a exemplo das Operações de Garantia da Lei e da Ordem (GLO), em que a ameaça é essencialmente interna. No segundo caso, teríamos Forças moldadas para guerra convencional e conflitos de alta intensidade, em que a ameaça é essencialmente externa.

Perpassados esses aspectos sobre estratégia e estratégia militar, cabe indagar como esta última se manifesta. De forma geral, existem dois tipos básicos de estratégia militar, a defensiva e a ofensiva. No âmbito militar, a defesa tem por objetivo a preservação do *status quo*, normalmente relacionado à manutenção de um território e/ou a uma condição política desejável de uma forma geral. A ofensiva, por sua vez, objetiva desafiar, alterar o *status quo*, mormente representado pela conquista territorial ou subordinação do inimigo à vontade política de quem inicia as hostilidades. Em ambas as estratégias, o uso da força militar é essencial, seja para a preservação do *status quo* (político, territorial ou de interesses políticos e econômicos), seja para alterá-lo. Entretanto, existe uma outra modalidade de estratégia militar que não preconiza o uso direto da força militar.

Enquanto a defesa busca capacitar uma comunidade política a opor-se a um resultado que lhe seja desfavorável mediante capacidades que permitam resistir e derrotar um agressor, estratégias coercitivas tendem a lançar mão da ameaça do uso da força militar, com ou sem demonstrações de uso limitado da violência, para causar o efeito estratégico desejado no oponente. Essas estratégias se dividem nas modalidades de dissuasão e compelência. Estratégias dissuasórias buscam, através da dotação de capacidades militares e da comunicação, desencorajar um potencial agressor de seu ímpeto ofensivo. Isso se dá por meio da ameaça de punição – a exemplo de segundo ataque nuclear – ou pela negação – como a presumida capacidade de impor perdas militares não toleráveis ao oponente. Um exemplo muito útil sobre essas modalidades estratégicas é a crise da atual guerra entre a Ucrânia e a Rússia.

No decurso da crescente crise interna na Ucrânia e do acirramento das tensões entre os dois países no contexto dos protestos da praça Maidan (posteriormente Euromaidan), dois episódios alteraram radicalmente o panorama de segurança da região. Primeiro, eclodiu a guerra civil ucraniana em 2014, centrada fundamentalmente na região do Donbass, opondo o governo central ucraniano às autoproclamadas Repúblicas Democráticas de Lugansk e Donetsk. Depois, no bojo da elevada instabilidade interna na Ucrânia, a Rússia anexou no mesmo ano a península da Crimeia sem expressiva reação de Kiev. Ambos os episódios demonstram a clara conexão entre política, geopolítica e estratégia militar. No caso da guerra civil, a Ucrânia ansiava pela recuperação de seus territórios no Donbass, perseguindo uma estratégia militar predominantemente ofensiva. Enquanto isso, os separatistas do leste buscaram assegurar o seu controle territorial através de ações defensivas a consolidar o novo *status quo*. No segundo caso, a Rússia lançou mão de uma estratégia ofensiva de guerra limitada – um golpe de mão (*fait accompli*) – para alterar o *status quo* territorial do país vizinho.

Em apoio à Ucrânia, a Organização do Tratado do Atlântico Norte (Otan) e a União Europeia contribuíram para a reformulação das Forças Armadas ucranianas, dotando-as de capacidades militares não apenas para se defender dos russos, mas também para retomar seus territórios a leste. Somado ao aprofundamento da cooperação militar, esperava-se que a proximidade da Ucrânia com a Otan poderia ter um efeito dissuasório em relação a futuros intentos de Moscou contra Kiev. Isso foi comunicado pelo compromisso da Aliança Atlântica de incorporar a Ucrânia a si, tal como por ações de adestramento, treinamento e envio de meios. No entanto, em 24 de fevereiro de 2022, a guerra da Ucrânia entrou em uma nova fase, agora interestatal. Como se percebe, a dissuasão falhou, entrando em cena com maior ênfase estratégias defensivas e ofensivas. Isso não quer dizer que a coerção estratégica – dissuasão e compelência – tenha saído da gramática da guerra. Com contínuas ameaças de escalada, inclusive nuclear, a Rússia tem obtido êxito em dosar a intensidade e a qualidade da ajuda militar ocidental à Ucrânia. Por sua vez, a campanha de bombardeios contra infraestruturas críticas ucranianas, voltada a compelir o seu governo a mudar de posição quanto às pretensões russas, não tem surtido o efeito desejado em Moscou. Entretanto, um dos aspectos que esse exemplo nos traz é que a guerra, como manifestação empírica da estratégia e da política, se manifesta de distintas formas. Conforme nos ensina Clausewitz, a sua correta identificação e compreensão é tão importante para a análise como para a busca da vitória política. Vamos a esse tópico então.

A guerra é forma de interação violenta que acompanha a humanidade desde os seus primórdios. De grupos de caçadores e coletores que disputavam áreas de caça e abrigo na pré-história até registros antigos em imagem e escrita de batalhas como a de Kadesh, entre o Império Egípcio e os hititas, a guerra é parte da história universal humana. Mas afinal, o que é a guerra e qual a sua natureza? Diversos intelectuais ao longo da história deram respostas distintas para essa questão. Uma perspectiva que ganhou tração no pós-Guerra Fria foi a da guerra como cultura. Segundo essa perspectiva, a guerra é essencialmente uma manifestação cultural que faz parte de processos simbólicos que dotam de sentido e significado práticas sociais, como estruturas de estratificação social, hierarquias, entre outros elementos. Uma compreensão semelhante aparece na sociologia brasileira com Florestan Fernandes ao analisar a função da guerra na sociedade dos índios tupinambás.

Uma segunda perspectiva é a da guerra como um objeto do direito internacional, o qual privilegia a sua tipificação como conflito armado. Nesse diapasão, a guerra é uma atividade violenta entre grupos organizados sujeitos ao direito – positivo e/ou comum – e caracterizado no "direito à guerra" (*jus ad bellum*) e no "direito na guerra" (*jus in bello*) ou direito internacional humanitário. Historicamente, tanto no Ocidente como no Oriente, buscou-se refletir, bem como normatizar em que circunstâncias o uso da força militar seria legal, legítimo, atentando para os seus limites. Essas compreensões evoluíram com o tempo, vindo a ganhar substantivo corpo legal na Carta de São Francisco (ou Carta das Nações Unidas) e nas disposições jurídicas oriundas das Convenções de Genebra e Haia. Inclusive, na atualidade, parte substantiva da estrutura de paz e segurança das Nações Unidas no âmbito de seu Conselho (CSONU – Conselho de Segurança das Nações Unidas) tem o esteio de poder autorizar o uso da força militar. No aparato normativo contemporâneo, a guerra é legal como direito de legítima defesa ou quando autorizada pelo CSONU para restaurar o *status quo ante*. Note que em casos que destoem das condições previstas na Carta de São Francisco, a guerra é percebida como um crime à luz do direito internacional.

Não obstante a relevância das perspectivas cultural e jurídica da guerra, prevalece na academia e entre profissionais das armas o entendimento da guerra como um fenômeno da política. Ao retornarmos aos clássicos, como Tucídides, Sun Tzu, Maquiavel e Clausewitz, a guerra foi entendida como um assunto de Estado, do qual poderia depender a sua sobrevivência. Ademais, essa tradição intelectual percebia a íntima relação entre o uso da força militar e a consecução de objetivos políticos. Entretanto, foi no século XIX que surgiu a mais bem acabada teoria da guerra e da estratégia. Em *Da guerra*, obra máxima e póstuma do general prussiano Carl von Clausewitz, está presente aquilo que ficou conhecido no Ocidente como filosofia política da guerra. Segundo essa perspectiva, a guerra é uma manifestação violenta da política, na qual se faz uso dos meios de força para a produção de resultados políticos desejados. Entretanto, não obstante a conexão entre instrumentos de força e objetivos políticos, pressupondo uma característica estritamente racional,

Clausewitz compreendia que a guerra possuía outras expressões, como as "paixões" e a "probabilidade", representadas na sua trindade paradoxal por governo, povo e militares. A guerra era entendida como um ato de força voltado a submeter o inimigo à sua vontade. Em sua essência, a guerra seria uma manifestação extrema de uma relação de poder, no qual o antagonismo de vontades encontra na violência a sua gramática e resolução. Por essas razões, a estratégia era para Clausewitz essencial para controlar a guerra e domá-la.

No entanto, você deverá se indagar sobre como essas compreensões mais teóricas da guerra tangenciam a realidade do conflito violento. Uma primeira aproximação está na diferença entre guerra real e guerra em abstrato. No primeiro caso, incorporam-se ao estudo da guerra fatores limitantes à violência, como condicionantes políticos, "fricção" e "acaso". Por exemplo, na invasão russa da Ucrânia, muitos analistas consideraram que Kiev sucumbiria ao colosso militar russo, mas isso não ocorreu, demonstrando o peso da fricção, do acaso e de condicionantes políticos que restringiram o escopo do uso da força militar russa na Ucrânia. No segundo caso, desconsideram-se os elementos limitantes ao intercâmbio de violência, elevando-o ao extremo. Apesar de hipotética, uma representação de uma guerra em abstrato seria uma guerra nuclear, concretizando um cenário de destruição mútua assegurada (MAD), em que o medo de destruição recíproca seria essencial para o funcionamento da dissuasão estratégica ou dissuasão nuclear.

Uma segunda diferenciação diz respeito à distribuição ou ao balanço de força militar entre os oponentes: nos referimos à guerra simétrica e assimétrica. Embora saibamos que condições de perfeita simetria entre contendores são raras, em diversas guerras do passado vimos forças militares equivalentes se digladiando em teatros de guerra e de operações. Na Primeira Guerra Mundial, França e Alemanha se enfrentaram de forma quase paritária, contribuindo, inclusive, para atingir uma condição de impasse estratégico, representado fisicamente pelas linhas de trincheira nas linhas de contato entre os antagonistas. Por vezes, forças militares desiguais em meios e composição podem buscar o combate convencional, normalmente com resultados catastróficos para o lado mais fraco. No século XIX, forças da China Imperial e Republicana lutaram contra formações regulares do Japão e de países ocidentais, normalmente encontrando a derrota. Ao longo de sua luta de libertação nacional, a Irlanda buscou enfrentar tropas britânicas com estratégias e táticas convencionais, emulando o combate entre forças simétricas, com severos prejuízos para si.

Esse dado da realidade nos leva a uma terceira diferenciação, entre guerra regular e irregular. Em geral, uma guerra convencional ou regular opõe ao menos dois contendores, normalmente dois Estados, os quais perseguirão estratégias militares tradicionais, ofensivas e defensivas. Um exemplo é a Primeira Guerra do Golfo, em resposta à invasão iraquiana ao Kuwait em 1990. Na ocasião, o CSONU autorizou uma coalizão internacional liderada pelos Estados Unidos para usar a força contra o Iraque, retornando ao *status quo ante*, representado pela expulsão das tropas iraquianas do país. Em curso, combates terrestres e aéreos entre formações regulares das Forças Armadas dos países beligerantes se opuseram no espaço de batalha, resultando na derrota do Iraque. De forma muito diferente, a guerra irregular ou não convencional normalmente opõe um Estado a um grupo armado não estatal, em que o último tende a fazer uso de estratégias e táticas heterodoxas em busca de sucesso militar e vitória política. Ações de sabotagem, guerrilha, insurgência e terrorismo são percebidas como meios legítimos de luta contra um oponente de força superior. Voltemos ao exemplo iraquiano. Em 2003, os Estados Unidos acusaram o Iraque de possuir armas de destruição em massa e conexões com o terrorismo internacional. Em ação que não contou com o respaldo do CSONU, os EUA lideraram a invasão ao Iraque, com fins de destruir as alegadas armas de destruição em massa (WMD), remover Saddam Hussein e o partido Baath do poder, transformando o Iraque em uma democracia. Diferentemente da Primeira Guerra do Golfo, nesse segundo evento as forças iraquianas preconizaram a opção pela guerra irregular. Com um rápido avanço no território iraquiano pelas forças dos EUA até a tomada de Bagdá em 21 dias, os prospectos de vitória foram arruinados com a emergência de uma férrea insurgência iraquiana, a qual só foi contida e controlada após o sucesso da estratégia de contrainsurgência e o "Surge" em 2007.

Conforme se percebe, guerras podem ser classificadas por quem as luta. Guerras célebres, como a Primeira e Segunda Guerras Mundiais, foram essencialmente guerras interestatais, nas quais os Estados foram os principais antagonistas. Entretanto, atores armados não estatais também podem fazer a guerra. A Guerra do Vietnã foi ao mesmo tempo uma guerra civil entre o norte socialista e o sul capitalista, como também uma guerra interestatal entre os Estados Unidos e o Vietnã do Norte, e uma guerra irregular contra a guerrilha vietcongue. Em guerras contemporâneas, como na Ucrânia, vemos o retorno da relevância de expressões pré-estatais da guerra, como forças mercenárias e o Wagner Group, fundamentais para o resultado da batalha de Bakhmut.

Como fenômeno complexo, histórica e socialmente embasado, não obstante a sua imutável natureza política, a conduta e as características da guerra mudam com o tempo e o espaço. Na atualidade, o surgimento de novos domínios de operações, como o espaço e o ciberespaço, amplia o horizonte do uso da força militar, em que expressões cinéticas e não cinéticas podem contribuir para gerar efeitos estratégicos em favor do combate ou da disputa política. Do ataque ao programa nuclear iraquiano com o vírus de computador Stuxnet em 2010 até os ataques *hackers* que tiraram a Estônia da internet em 2007, o ciberespaço é um ambiente de operações com uma geografia e geopolítica. Por sua vez, a retomada da corrida espacial contemporânea contribui para entender como os debates sobre armamentização e militarização do espaço ainda estão na ordem do dia. Por exemplo, não seria possível compreender a resistência ucraniana sem o apoio da rede de satélites da Starlink ou o papel da inteligência coletada por fontes orbitais, as quais ajudam a criar o fenômeno e o desafio do "campo de batalha transparente". No entanto, apesar do rápido desenvolvimento tecnológico e de seus impactos nas faces da guerra, elementos como a "fricção" e a "névoa da guerra" ainda são essenciais para compreendermos situações-limite, como a falha israelense em impedir os ataques de 7 de outubro de 2023. Afinal, como nos lembra Clausewitz, a guerra é fundamentalmente um empreendimento humano. Neste ponto, cabe refletir como a relação entre geopolítica, estratégia e guerra estrutura os marcos da segurança internacional contemporânea. Para isso, devemos retornar ao entendimento sobre a multipolaridade em formação, mais precisamente a construção dos polos de poder e alianças em curso e em construção.

Ao passo que instituições multilaterais, como CSONU, exibem a incapacidade de impedir ou de encerrar guerras como na Ucrânia, em Gaza ou no Líbano, assiste-se à emergência de polos de poder nucleados na China, Rússia, tal como a emergência de potências regionais de ambição mais ampla, como a Índia, Turquia, entre outras. Como entender esses novos blocos de poder e seu impacto geopolítico e estratégico para a segurança internacional? Historicamente, países cooperam em áreas como defesa, segurança e forças armadas. Inclusive, conforme discutiremos neste livro no capítulo "Armamentismo, regimes de controle e não proliferação", mesmo antagonistas podem cooperar e produzir acordos de limitação de armas estratégicas. Nesse diapasão, uma forma clássica de segurança são as alianças militares. Alianças, sejam elas ofensivas ou defensivas, tradicionalmente são lastreadas em um acordo formal e podem integrar cláusula de segurança coletiva. Quando isso ocorre, o ataque a um membro da aliança é percebido como um ataque contra toda a aliança. Essa lógica se verifica no âmbito da Otan.

Entretanto, nem toda cooperação de segurança é uma aliança militar. Durante a Primeira Guerra Mundial, a reunião de França, Reino Unido e Rússia era denominada de Tríplice Entente, por exemplo. Atualmente, os laços de cooperação de segurança entre atores como Rússia e China podem ser mais corretamente interpretados como alinhamento do que como uma aliança. Apesar de ser um conceito disputado, é possível identificar na literatura especializada o uso de alinhamentos e ententes como termos equivalentes à aliança. O fato é que o panorama internacional de segurança é permeado de agrupamentos em que distintos níveis de cooperação de segurança são a tônica. A Otan é a principal aliança militar do globo, mas não é a única. A Organização do Tratado de Segurança Coletiva (OTSC) é liderada pela Rússia e busca organizar a segurança de parte do espaço pós-soviético, mas sem o mesmo êxito que a Otan. Em um mundo caracterizado pelo retorno da competição geopolítica, o Leste Asiático viu tornar-se pública a Aukus (acrônimo de Austrália, United Kingdom (Reino Unido) e United States (Estados Unidos)), cujo objetivo de defesa mútua mira essencialmente a contenção da China no contexto mais geral da competição sino-americana. Menos formalizado, mas com ímpeto semelhante, em anos recentes o Diálogo de Segurança Quadrilateral (QUAD; do inglês Quadrilateral Security Dialogue) reúne Estados Unidos, Índia, Japão e Austrália. Como reação a esses movimentos, a guerra russo-ucraniana tem tido como efeito colateral uma aproximação cada vez maior entre Rússia e China, agora, aproximando ainda mais países como Coreia do Norte e Irã. Resta saber se desses alinhamentos surgirá uma nova aliança militar a opor a Otan, a Aukus e o QUAD.

    O capítulo analisou a relação entre geopolítica, estratégia militar e guerra, contextualizando sua relevância histórica e contemporânea. A Geopolítica foi apresentada como a interação entre poder político e espaço geográfico, destacando sua origem no século XIX e sua evolução como campo de estudo no século XX. Foram utilizados exemplos, como a disputa territorial em Jerusalém e nas ilhas Malvinas, para ilustrar como fatores simbólicos e econômicos influenciaram conflitos. Além disso, discutiu-se como a territorialidade e a distância, afetadas por avanços tecnológicos como drones e sistemas de armas, moldaram as dinâmicas de poder.

A estratégia militar foi descrita como o elo entre meios e objetivos políticos, sendo essencial para orientar decisões nacionais e internacionais. Ela dividiu-se em defensiva, ofensiva e coercitiva, com destaque para as estratégias de dissuasão e compelência. Exemplos, como a guerra russo-ucraniana de 2022, demonstraram a aplicação dessas estratégias e os desafios envolvidos. O texto também diferenciou tipos de guerra – simétrica, assimétrica, regular e irregular – e enfatizou como as novas tecnologias e domínios, como o ciberespaço, ampliaram o alcance e a complexidade dos conflitos.

Por fim, o capítulo explorou a formação de alianças militares e seu impacto na segurança internacional. Estruturas como a Otan e as coalizões emergentes, como Aukus e QUAD, refletiram mudanças no equilíbrio global de poder. A aproximação entre Rússia e China ilustrou o retorno de alinhamentos estratégicos, ressaltando a importância de compreender esses fenômenos para interpretar a dinâmica da segurança global contemporânea.

Agenda para paz, segurança internacional e o sistema de segurança coletiva das Nações Unidas

A segurança é preocupação e dimensão central das agendas dos Estados nacionais e de diversos organismos internacionais. No plano internacional, sua promoção se dá, como visto anteriormente, sob duas perspectivas ou abordagens alternativas: o equilíbrio do poder e a segurança coletiva. Embora substantivamente distintas do ponto de vista conceitual e político, essas abordagens não são mutuamente excludentes. O reconhecimento pragmático das realidades e das diferenças de poder entre os Estados, em particular no campo militar, e a decorrente necessidade de reduzir disparidades de poder e alcançar certo equilíbrio mediante o aumento das próprias capacidades ou por meio do estabelecimento de alianças não suplantam a possibilidade de que países que se reconheçam como adversários ou mesmo como inimigos estabeleçam formas de cooperação, com vista a limitar o armamentismo, lograr maior previsibilidade e estabilidade entre si e, em última instância, evitar um confronto armado direto. Nesse sentido, é plenamente possível que as disputas de poder e a busca por equilíbrio nesse plano coexistam com esforços coletivos para promover a paz e a segurança regionalmente ou mesmo no plano global.

A história oferece exemplos elucidativos dessa aparente dicotomia. O início do século XIX foi marcado pelas Guerras Napoleônicas, travadas por potências europeias (Áustria, Reino Unido, Nápoles, o Império Otomano, o Império Russo, Portugal, Suécia, dentre outros), organizadas em uma série de diferentes e sucessivas coalizões na tentativa de pôr fim ao expansionismo francês liderado então por Napoleão Bonaparte. A França foi finalmente derrotada em 1815, na Batalha de Waterloo, travada contra uma coalizão então liderada pelos ingleses, após a fracassada tentativa francesa de invadir a Rússia. A assinatura do Tratado de Paris, em novembro de 1815, pôs fim às Guerras Napoleônicas e deu início a um período que se estendeu até a eclosão da Primeira Guerra Mundial em 1914 e que ficou conhecido como Concerto Europeu, uma tentativa de parte das potências vencedoras de manter o equilíbrio de poder na Europa mediante o compromisso de que os limites fronteiriços negociados ao longo do Congresso de Viena e formalizados no Tratado de Paris não poderiam ser alterados sem o consentimento dos oito países que o firmaram. Estabelecia-se, portanto, uma dimensão coletiva, como um condomínio de poder, sobre o qual se sustentaria a segurança europeia nas décadas subsequentes.

No entanto, o exemplo pioneiro mais próximo do entendimento contemporâneo de segurança coletiva foi a Liga das Nações, criada 28 de junho de 1919, no marco do Tratado de Versalhes que pôs fim à Primeira Guerra Mundial. A Liga das Nações surgiu com o objetivo precípuo de promover e garantir a segurança e a paz internacional. A iniciativa foi inspirada nos chamados "14 pontos de Wilson", um conjunto de proposições apresentadas pelo então presidente norte-americano Woodrow Wilson como base para as negociações que culminaram com a celebração do Tratado de Versalhes e que buscavam assentar bases estáveis para a paz internacional. Paradoxalmente, e por razões políticas distintas, os Estados Unidos, a União Soviética, a Alemanha e a Turquia não integraram originalmente a Liga das Nações. A Alemanha ingressou em 1926, a Turquia foi convidada a ingressar em 1932 e a União Soviética oficializou seu ingresso em 1934. Os Estados Unidos, porém, nunca ingressaram. A Liga possuía um grande órgão político coletivo – a Assembleia –, um Secretariado com funções administrativas e o Conselho Executivo, instância semelhante ao atual Conselho de Segurança da Organização das Nações Unidas e então integrado por França, Inglaterra, Itália e Japão e por outros quatro membros rotativos eleitos a cada três anos. O Brasil foi membro fundador da Liga das Nações; porém, se retirou em 1926 por não ter sido atendido seu pleito de ser um dos membros permanentes do Conselho Executivo.

Finalmente, como exemplo maior e atual de mecanismo de segurança coletiva, temos a Organização das Nações Unidas (ONU), criada em 26 de junho de 1945, como sucedânea da Liga das Nações, que atravessara um longo período de enfraquecimento durante o qual se assistiu à ascensão do nazismo e do fascismo, às invasões do Japão à Manchúria, da Itália à Etiópia e da União Soviética à Finlândia, sem que a Liga lograsse atuação efetiva no sentido de conter ou reverter tais desenvolvimentos. Assim mesmo, o fracasso da experiência da Liga das Nações não impediu que, em junho de 1945, 51 países se congregassem em torno dos objetivos e princípios que comporiam a Carta de fundação de um novo organismo dedicado à promoção da paz e da segurança internacionais e que, diferentemente de sua antecessora, contava com a participação de todas as grandes potências.

Na ONU, a lógica do equilíbrio de poder se refletiu, desde sua criação, na composição de seu Conselho de Segurança, integrado por cinco membros permanentes, as potências vencedoras da Segunda Guerra Mundial – Estados Unidos, União Soviética, Reino Unido, França e China –, que usufruem do poder de vetar decisões do Conselho. Subsistiu também nas disputas hegemônicas travadas durante todo o transcurso da Guerra Fria, liderada por Estados Unidos e União Soviética, e também no presente, tendo os Estados Unidos e China como principais contendores no plano global.

Assim, desde sua origem e por vocação própria, a ONU, como instância de segurança coletiva de alcance global, tem estado a serviço da promoção da segurança e da paz internacionais, como se depreende de sua Carta, que enuncia como objetivos fundamentais: (i) a manutenção da paz e a segurança internacionais, mediante medidas efetivas para evitar ameaças à paz e reprimir os atos de agressão ou outra qualquer ruptura da paz; (ii) desenvolver relações amistosas entre as nações e promover a cooperação internacional para resolver os problemas internacionais de caráter econômico, social, cultural ou humanitário; (iii) promover e estimular o respeito aos direitos humanos e às liberdades fundamentais para todos; e (iv) ser um centro destinado a harmonizar a ação das nações para a consecução desses objetivos comuns.

Tais objetivos devem ser alcançados com base em um conjunto de princípios essenciais para a convivência pacífica entre os países-membros e que contempla: (i) a igualdade entre os membros; (ii) a boa-fé no cumprimento de obrigações contraídas; (iii) a resolução pacífica de controvérsias; (iv) evitar a ameaça ou o uso da força contra a integridade territorial ou a independência política de qualquer Estado; (v) prestação de assistência em qualquer ação empreendida no marco da Carta das Nações Unidas e abstenção de auxiliar qualquer Estado em relação ao qual as Nações Unidas estejam agindo de modo preventivo ou coercitivo.

Estes são os fundamentos normativos da atuação da ONU no campo da paz e da segurança internacional. Contudo, a adequada compreensão das possibilidades e do modo de operação da ONU em matéria de segurança requer também o conhecimento das competências de duas instâncias fundamentais: a Assembleia Geral e o Conselho de Segurança, que serão abordados nos parágrafos subsequentes.

As funções e as competências da Assembleia Geral em matéria de segurança estão apresentadas nos artigos 10 e 11 da Carta das Nações Unidas, que lhe conferem competência para discutir quaisquer questões ou assuntos que estiverem dentro das finalidades da Carta ou que se relacionarem com as atribuições e funções de qualquer dos órgãos nela previstos, o que abrange, naturalmente, questões relativas à manutenção da paz e da segurança internacionais que a ela forem submetidas por qualquer país-membro, pelo Conselho de Segurança ou, até mesmo, por um Estado não membro da Organização. A Assembleia Geral pode também solicitar atenção do

Conselho de Segurança para situações que possam constituir ameaça à paz e à segurança internacionais, bem como fazer recomendações aos Estados interessados e/ou ao Conselho de Segurança sobre tais temas e, inclusive, sobre princípios que disponham sobre desarmamento e regulamentação dos armamentos.

Percebe-se serem amplas as faculdades da Assembleia Geral, como instância-mor de representação e discussão política no seio da ONU, no tocante a matérias relativas à paz e à segurança. Cabe lembrar, porém, que, ao lado dessa agenda, estão também temas como a promoção da cooperação internacional nos planos político, econômico, social, cultural, educacional e sanitário, tudo com vistas a favorecer o pleno gozo dos direitos humanos e das liberdades fundamentais, dimensões que se incorporam, portanto, a uma noção ampliada de segurança.

Porém, é amplamente sabido que não é a Assembleia Geral, e sim o Conselho de Segurança, o órgão permanente e máxima instância decisória em matéria de paz e segurança. Inclusive, a Carta prevê em seu artigo 12 que a Assembleia Geral não fará nenhuma recomendação a respeito de matéria em exame no Conselho de Segurança, a menos que este a solicite, de modo a salvaguardar as competências e as prerrogativas do próprio Conselho como depositário e referente da principal responsabilidade de atuar em nome dos países-membros pela manutenção da paz e da segurança internacionais (art. 24).

Em sua atuação, o Conselho de Segurança deve primar inicialmente pela resolução pacífica de controvérsias, tal como contemplado no capítulo VI da Carta da ONU. A própria Carta assegura o direito de qualquer parte de uma controvérsia que represente ameaça à paz e à segurança internacionais de buscar uma solução pacífica e negociada "por meio de inquérito, mediação, conciliação, arbitragem, solução judicial, recurso a entidades ou acordos regionais, ou a qualquer outro meio pacífico à sua escolha" (art. 33). Porém, a Carta também assevera que tal direito não implica nenhum prejuízo para que o Conselho possa investigar "sobre qualquer controvérsia ou situação suscetível de provocar atritos entre as Nações ou dar origem a uma controvérsia, a fim de determinar se a continuação de tal controvérsia ou situação pode constituir ameaça à manutenção da paz e da segurança internacionais" (art. 34). Caso solicitado pelas partes, o Conselho poderá formular recomendações para a resolução pacífica do litígio.

Caso as tentativas de resolução pacífica conduzidas diretamente pelas partes e/ou com interveniência do próprio Conselho não prosperem e haja um agravamento do conflito, abre-se a este um conjunto de possibilidades, contempladas no capítulo 7 da Carta. Primeiramente, o Conselho pode convidar as partes a aceitarem medidas provisórias tidas como necessárias ou aconselháveis, sem prejuízo, porém, de seus respectivos direitos e pretensões. Ao mesmo tempo, o Conselho de Segurança pode também optar por exercer alguma pressão sobre as partes, ainda sem contemplar o emprego da força, e decidir em favor de medidas que devam ser tomadas para tornar efetivas suas decisões, as quais estão listadas no artigo 41, quais sejam: a interrupção completa ou parcial das relações econômicas, dos meios de comunicação ferroviários, marítimos, aéreos, postais, telegráficos, radiofônicos, ou de outra qualquer espécie e, até mesmo, o rompimento das relações diplomáticas. No caso de tais medidas também se mostrarem inadequadas ou insuficientes para restabelecer a paz e a segurança, o Conselho de Segurança poderá optar por meios coercitivos e mobilizar forças aéreas, navais ou terrestres dos países-membros para alcançar aquele fim por intermédio de ações que considere necessárias, dentre as quais demonstrações, bloqueios aéreos, navais e terrestres, e outras operações envolvendo meios militares. Em outras palavras, o Conselho de Segurança possui a faculdade de intervir, em nome da comunidade internacional representada na ONU, inclusive mediante o emprego da força, em situações em que haja ameaça à paz e à segurança internacionais, e também para fazer cumprir suas decisões para esse mesmo fim.

É importante frisar, no entanto, que a faculdade do emprego da força não pode ser invocada ou exercida de modo arbitrário ou deliberado em nome de interesses políticos, econômicos ou estratégicos particulares de qualquer país, seja este membro ou não do próprio Conselho. Por isso, as decisões do Conselho de Segurança são tomadas colegiadamente, por maioria, estendendo-se o poder de veto aos cinco membros permanentes (Estados Unidos, Rússia, China, França e Reino Unido), o que implica, na prática, a necessidade de que haja consenso entre estes para que se produzam decisões.

O instituto de poder de veto é um dos temas mais controversos em relação ao Conselho de Segurança e à própria ONU. Por um lado, o poder de veto assegura um importante componente de legitimidade das decisões do Conselho de Segurança, o que é fundamental em se tratando de matérias graves para a segurança e a paz. Porém, a própria legitimidade é colocada em questão pelo fato de o poder de veto ser exercido apenas por cinco países que são as potências nuclearmente armadas e que foram, a seu tempo, as artífices da vitória aliada na Segunda Guerra Mundial. Isso suscita críticas, particularmente de países do Sul Global, no sentido de que a atual composição e a prerrogativa do veto por parte dos cinco membros permanentes do Conselho são anacrônicas por representarem o congelamento de uma estrutura de poder que não mais corresponde à realidade internacional contemporânea. Haveria, nesse sentido, um déficit de representatividade e, por consequência, de legitimidade da instância que detém as maiores responsabilidades em matéria de proteção da paz e da segurança internacionais. Outro aspecto que é fonte de fortes críticas é o fato de o poder de veto poder levar à paralisia decisória e, por extensão, gerar inação do Conselho de Segurança e, portanto, da própria ONU em situações graves do ponto de vista da segurança internacional, colocando em questão a eficácia de ambos. Nesse sentido, é extenso o rol de crises e conflitos em que o poder de veto impediu decisões e iniciativas do Conselho de Segurança, do que são exemplos recentes os conflitos que se seguiram à dissolução da ex-Iugoslávia no imediato pós-Guerra Fria, a guerra civil na Síria e, em particular, a guerra desencadeada pela invasão da

Rússia à Ucrânia em fevereiro de 2023, que contrapõe a Rússia à Ucrânia, esta apoiada pela Organização do Tratado do Atlântico Norte (Otan), sob liderança dos Estados Unidos. O engajamento direto de grandes potências sustenta o risco de escalada nuclear.

Por envolverem ameaças da maior gravidade, por exemplo, genocídios, limpeza étnica e escalada nuclear, conflitos como os mencionados, somados às aspirações de países como Brasil, Índia, Japão, África do Sul também desejosos de terem seus respectivos *status quo* de poder reconhecidos, pleiteiam a reforma do Conselho de Segurança mediante sua ampliação e a descompressão do poder de veto, de modo a torná-lo mais representativo e consentâneo com a realidade e com a atual estrutura do poder internacional. No entanto, a perspectiva de avanço das tratativas sobre a reforma do Conselho de Segurança depende diretamente do consentimento de todos os seus membros permanentes que, por sua vez, se mostram pouco inclinados a compartilhar prerrogativas decisórias, em particular o poder de veto, com um maior número de países. Além disso, a reforma do Conselho de Segurança implica também reformar a própria Carta das Nações Unidas, o que torna esse um empreendimento político extremamente difícil em si mesmo, ainda mais se conduzido em um contexto marcado por graves conflitos entre as grandes potências, como ocorre no presente. Por essas razões, o tema da reforma do Conselho das Nações Unidas não tem prosperado para além de manifestações declaratórias – sobretudo dos países que se candidatam a assumir a posição de membro permanente e a também exercerem poder de veto, e suas tentativas de construírem bases de apoio às suas reivindicações.

Possivelmente, a gradual aproximação do centenário de criação da ONU ofereça condições mais propícias para a discussão de uma ampla reforma da Carta e, em seu bojo, do Conselho de Segurança. Assim mesmo, embora haja necessidades e argumentos em favor de tal reforma, estes se defrontam com ao menos dois aspectos de natureza estrutural que não a favorecem: em primeiro lugar, a já mencionada resistência dos atuais membros permanentes e as graves cisões políticas entre eles que transcendem o

Conselho e a própria ONU; em segundo lugar, a diversidade dos interesses em questão no campo da paz e da segurança em um organismo internacional de alcance e composição universal como a ONU, o que torna extremamente difícil conciliá-los entre si e com os interesses das grandes potências.

A despeito das críticas que lhe são dirigidas, é forçoso reconhecer a importância e a contribuição do Conselho de Segurança para a manutenção da paz e da segurança internacionais ao longo de oito décadas em que o mundo assistiu ao advento da Guerra Fria, das armas de destruição em massa, às corridas armamentista e espacial em seu bojo, ao processo de descolonização, ao fim da Guerra Fria e à implosão da União Soviética, à ascensão da China, à proliferação de ameaças não convencionais – em particular o terrorismo e o crime organizado –, aos persistentes focos de tensões regionais, aos novos domínios de guerra, como o espaço cibernético, dentre outros. Esses desenvolvimentos representaram ou representam, a seu tempo, desafios singulares para a segurança internacional e converteram-se em pautas elevadas ao Conselho de Segurança.

Portanto, a adequada compreensão do papel e da importância do Conselho deve se apoiar não somente nos aspectos mais aparentes representados por suas decisões, e a forma e eficácia com que estas sejam implementadas. Deve tomar em conta também o longo e persistente processo de diálogo político que ele abriga, e que é de fundamental importância para a construção de percepções e de confiança mútua entre atores aptos a exercerem responsabilidades decisivas em crises de diversas naturezas e alcance, a partir de campos e perspectivas distintas e, não raras vezes, opostas.

O Conselho representa um componente de estabilidade e, mesmo a despeito de suas limitações e dos questionamentos sobre sua eficácia e legitimidade, presta uma contribuição muito singular ao prover um foro permanente de diálogo, de negociação e de tomada de decisões, e por estar revestido da prerrogativa única de poder empregar a força em nome da comunidade internacional em favor do resguardo da paz e da segurança internacionais. É oportuno recordar que, na origem da Organização das Nações Unidas, o objetivo maior era evitar a recorrência da guerra de modo geral e, em particular, entre as grandes potências, dadas suas implicações mais amplas internacionalmente. Nesse sentido, cabe reconhecer o papel singular e a relevância do Conselho de Segurança para este fim.

Nos parágrafos precedentes, foram apresentados os fundamentos normativos da atuação da Organização das Nações Unidas, como mecanismos de segurança coletiva e de seus órgãos centrais – a Assembleia Geral e o Conselho de Segurança – na promoção da paz e da segurança internacionais. Cumpre agora abordar as formas de atuação da ONU frente ao contínuo desdobramento de desafios de segurança que marca sua trajetória desde sua criação até o presente. Para tanto, é preciso considerar que, ao fim da Segunda Guerra Mundial, como visto anteriormente, as preocupações de segurança subjacentes à criação da ONU estavam orientadas para o propósito de evitar a ocorrência de guerras entre os países-membros, o que apontava ainda para uma acepção convencional, qual seja, guerras interestatais envolvendo ameaças aos componentes fundamentais dos Estados, a saber: a integridade de seu território, de sua população e o pleno exercício da soberania. Na verdade, todo o arcabouço político e jurídico da ONU foi erigido em torno do resguardo da soberania dos Estados-membros e da solução pacífica das controvérsias entre eles, ao que se somou, em reconhecimento de que a paz não é apenas a ausência de guerras, a agenda do desenvolvimento para o atendimento de necessidades e aspirações legítimas de bem-estar econômico e social de suas populações. Assim mesmo, os desafios de segurança mais prementes no contexto de criação da ONU e em sua trajetória inicial estiveram voltados para os conflitos armados que eclodiram na esteira do processo de descolonização e que multiplicaria por quase quatro vezes, nas décadas seguintes, o número de países-membros das Nações Unidas.

Como visto anteriormente, as ações da ONU voltadas para o objetivo maior de promover a paz e a segurança internacionais são orientadas por um conjunto de princípios enunciados em sua Carta fundacional, dentre os quais e para tal fim destacam-se o respeito à igualdade soberana dos Estados e a resolução pacífica de controvérsias. Foram também apresentadas as principais instâncias incumbidas da persecução daquele objetivo, quais sejam, a Assembleia Geral e o Conselho de Segurança, e suas respectivas prerrogativas e competências.

Assim, ao longo de sua trajetória de oito décadas, o arcabouço normativo, jurídico e institucional das Nações Unidas foi desafiado e instado a responder a um variado conjunto de ameaças à paz e à segurança em praticamente todos os continentes. Naturalmente, o entendimento sobre ameaças à paz e à segurança que inspirou a redação da Carta das Nações Unidas estava diretamente relacionado ao emprego da força por um Estado-membro contra outro, ou seja, trata-se da guerra na sua acepção tradicional, tal como tragicamente testemunhada em duas ocasiões nas três décadas que antecederam a criação da própria ONU.

A malograda experiência da Liga das Nações foi uma referência muito poderosa para gestação de um novo mecanismo de segurança coletiva, por demonstrar que não bastava congregar os países em torno de princípios e compromissos em favor da abstenção do emprego da força e da solução pacífica de controvérsias. Era preciso também dotar esse mecanismo de capacidades de atuar de modo direto quando da eclosão de conflitos armados, com o fito de contê-los e encerrá-los. Ao enunciar a manutenção da paz e da segurança internacionais como objetivo fundamental, a Carta também estabeleceu que, para esse fim, a ONU deveria "tomar coletivamente medidas efetivas para evitar ameaças à paz e reprimir os atos de agressão ou outra qualquer ruptura da paz", o que implicaria a necessidade de contar com recursos e capacidades, de força militar inclusive, adequadas e suficientes para tanto. Como visto, o Conselho de Segurança terminou sendo a principal instância depositária de prerrogativas e de faculdades de decisão e de atuação frente às ameaças à paz e de emprego da força.

Assim, mesmo não tendo sido explicitamente previstas ou designadas na própria Carta, as operações de paz despontaram como o principal instrumento e modalidade de ação das Nações Unidas em resposta a conflitos armados nas décadas seguintes. Operações de paz viriam a ser definidas, no âmbito da ONU, como "operações em campo desdobradas para prevenir, gerir e/ou resolver conflitos violentos ou reduzir o risco de sua recorrência", com amparo nos capítulos VI, VII e VIII da própria Carta e que constituem o primeiro pilar do arcabouço jurídico-normativo das operações de paz da ONU.

O capítulo VI trata da resolução pacífica das controvérsias mediante recurso "à negociação, investigação, mediação, conciliação, arbitragem, arranjo judicial, recurso a organismos ou acordos regionais ou outros meios pacíficos de sua escolha" (art. 33), e estabelece que o Conselho de Segurança possui a faculdade de instar as partes do conflito a recorrerem a esses meios (art. 34) para evitar a irrupção da violência armada.

O capítulo VII trata da ação em casos de ameaças à paz, ruptura da paz e atos de agressão. Como já visto, em situações em que o conflito armado se instaura, o Conselho de Segurança possui a prerrogativa de considerar medidas necessárias sem o emprego da força (art. 41) para pôr fim à ameaça em questão; caso essas medidas não se mostrem adequadas ou suficientes para tanto, o Conselho, como mencionado, poderá mobilizar recursos de força terrestres, aéreos e marítimos, para restabelecer e manter a paz e a segurança (art. 42). O Capítulo VIII, por sua vez, trata dos acordos ou organismos regionais também voltados para a promoção da paz e da segurança, reconhecendo sua importância e instando os países que sejam membros dos mesmos a submeterem a eles suas controvérsias de caráter local, antes de encaminhá-las ao Conselho de Segurança, afiançando, portanto, um sentido de primazia dos mecanismos regionais como instâncias de resolução pacífica de controvérsias (art. 52).

Esses três capítulos da Carta das Nações Unidas são o substrato jurídico e normativo fundamental das operações de paz. Porém, a legalidade e a legitimidade delas não repousam exclusivamente na Carta das Nações Unidas. As bases normativas das operações de paz envolvem também a

Declaração Universal dos Direitos Humanos como principal instrumento depositário de princípios e compromissos dos países signatários com a promoção e proteção dos direitos humanos universalmente. Assim, a condução das operações de paz deve orientar-se na plena observância e no respeito aos direitos humanos. Porém, mais que isso, as operações de paz devem constituir, elas mesmas, oportunidades privilegiadas de promoção dos direitos humanos dentro dos limites de seus mandatos e competências. Isso implica a necessidade de que os integrantes civis e militares das operações de paz pautem sua atuação em terreno na estrita observância dos direitos humanos, e que sejam também aptos a reconhecer adequadamente as situações de violação desses direitos e reagir a elas, contribuindo para a correção de eventuais afrontas e abusos aos direitos humanos perpetrados na origem e durante os conflitos que ensejaram a operação de paz, como também para a geração de condições que evitem a recorrência dessas afrontas e abusos uma vez encerrada a operação.

Outra dimensão das bases jurídicas das operações de paz da ONU é o Direito Internacional Humanitário, que regula e restringe os meios e métodos de combate, e trata da proteção dos direitos de vítimas civis e de não combatentes em conflitos armados. Espera-se, portanto, que à semelhança da plena observância dos direitos humanos, os integrantes civis e militares de operações de paz da ONU pautem sua atuação em contexto de conflitos armados no pleno acatamento do Direito Humanitário Internacional, de modo a também contribuir, em seu próprio âmbito, para limitar o alcance dos conflitos armados e os danos à população civil.

O quarto e último pilar do arcabouço jurídico das operações de paz da ONU é dado pela jurisprudência do próprio Conselho de Segurança relacionada a resoluções tratando de temas de relevância e de permanência para as operações de paz, como a proteção de civis em conflitos armados (Res. 1.674), crianças e conflitos armados (Res. 1.612) e mulheres, paz e segurança (Res. 132). Porém, de modo mais direto, tangível e imediato, a delimitação do escopo, do alcance e dos objetivos de uma operação de

Segurança internacional

paz advém do mandato que emana do Conselho de Segurança e que, portanto, reflete as contingências e singularidades de cada contexto em que uma operação de paz é desdobrada, fornecendo, além disso, as orientações essenciais ao seu planejamento e implementação.

Esses são, portanto, os fundamentos jurídicos das operações de paz associados aos grandes marcos internacionais, a Carta da ONU, a Declaração Universal dos Direitos Humanos, o Direito Humanitário Internacional e, por fim, as Resoluções do Conselho de Segurança e os mandatos dele emanados. No entanto, é importante considerar que, ao lado desses pilares, há também um não menor importante conjunto de três princípios básicos e especificamente voltados para o empreendimento das operações de paz no marco da ONU. São eles: i) o consentimento, isto é, uma operação de paz somente poderá ser implementada com o consentimento das partes envolvidas; ii) a imparcialidade que assevera que os responsáveis pelo cumprimento do mandato de uma operação de paz devem atuar sem favorecer ou prejudicar quaisquer das partes do litígio, o que é de essencial importância para assegurar a legitimidade da operação, assim como o engajamento e a cooperação das partes envolvidas. A imparcialidade, contudo, não deve ser confundida com inação ou neutralidade em relação ao cumprimento do mandato da operação de paz que, ao contrário, deve ser objeto de adesão integral e comprometimento irrestrito de parte dos responsáveis por sua implementação; finalmente, iii) o não emprego da força, exceto em autodefesa e na defesa do mandato. Trata-se de regulamentar e circunscrever o emprego da força armada, quando autorizado pelo Conselho de Segurança, no plano tático, por imperativo de autodefesa ou quando estritamente necessário para o pleno cumprimento do mandato da operação de paz. Esses três princípios básicos têm se mostrado úteis como elementos que conferem credibilidade e legitimidade à ação das Nações Unidas, particularmente em situações em que a violência armada se faz presente e a aplicação de meios coercitivos se faça também necessária para contê-la ou suprimi-la.

Uma vez apresentado o arcabouço jurídico e normativo das operações de paz, cumpre agora diferenciar suas modalidades, uma vez que, historicamente, foram muito diversos as situações e os contextos em que despontaram ameaças à paz e à segurança internacionais e que resultaram em respostas do Conselho de Segurança sob a forma de operações de paz. Com efeito, desde a criação da ONU, 71 operações de paz foram autorizadas pelo Conselho de Segurança, em contextos os mais variados, fazendo com que as sucessivas operações de paz terminassem se moldando a propósitos diferentes, segundo cada contexto e conforme as características da violência armada em questão.

Assim, conceitualmente, foram atribuídos às operações de paz (também denominadas missões de paz) diferentes propósitos, tais como a pacificação (*peace making*), a construção da paz (*peace building*), a manutenção da paz (*peace keeping*), a implementação de acordos de paz (*peace enforcement*) e a imposição da paz (*peace imposition*). São frequentes as dificuldades de diferenciação particularmente entre *peace making* e *peace building*. A pacificação (*peace making*) está abrigada no Capítulo VI e envolve diretamente as medidas nele previstas para resolução pacífica de controvérsias, como mediação, conciliação e arbitragem, de modo a evitar a eclosão do conflito armado. Já a construção da paz (*peace building*) é um processo mais amplo que envolve não apenas as medidas imediatas tomadas com vista a um cessar-fogo ou à suspensão de hostilidades entre as partes de um conflito. Está voltado também, e sobretudo, para assegurar condições no curto e médio prazos favoráveis à plena supressão da violência armada de forma sustentada e envolve medidas, como a reintegração de ex-combatentes na sociedade civil, a instauração de processo de diálogo e de reconciliação, a reestruturação e/ou reforma das instituições de segurança (notadamente as forças armadas e forças policiais), a reforma dos aparatos político, judiciais e penais, o fortalecimento do Estado de Direito e do respeito aos direitos humanos e das organizações de representação e participação democrática da sociedade civil no processo político, sem excluir, obviamente, medidas de fortalecimento e aceleração do desenvolvimento econômico e social. A construção da paz é, portanto, um processo muito abrangente que se estende para muito além do término de hostilidades e que visa instaurar e sustentar condições para que a paz seja estável e duradoura.

A manutenção da paz (*peace keeping*), por sua vez, é expressão usualmente empregada para designar as próprias operações de paz, como operações de manutenção da paz, ou também designar as forças empregadas para esse mesmo fim (*peace keeping forces*), ou seja, as forças militares multinacionais instituídas pelo Conselho de Segurança das Nações Unidas para atuar no contexto de conflito armado segundo mandato e objetivos específicos definidos pelo próprio Conselho.

As operações de implementação da paz (*peace enforcement*) são aquelas cujo objetivo precípuo é assegurar o fiel cumprimento dos termos de um acordo de paz celebrado entre as partes de um conflito armado, sendo que seus meios, formas de atuação e a própria duração da operação de paz dependem diretamente do escopo e alcance dos objetivos e dos compromissos mutuamente assumidos entre as partes do acordo de paz em questão.

Uma última modalidade é a imposição da paz, a qual tem amparo no Capítulo VII da Carta da ONU e contempla o emprego da força, à revelia da vontade das partes beligerantes, para impor a paz. Requer, portanto, um componente de força militar muito mais robusto que as operações de manutenção da paz e que, diferentemente destas, não necessariamente terá um caráter multinacional, podendo ser articulado por um conjunto restrito de países ou provido até mesmo por um único país. São exemplos recentes de operações de imposição da paz a Missão de Estabilização das Nações Unidas e a Operação Protetor Unificado, conduzida durante a guerra civil na Líbia em 2011, sob mandato do Conselho de Segurança.

A tipologia das operações ou missões de paz da ONU dá conta também das tendências e transformações que acometeram os conflitos armados desde sua criação até o presente. Tradicionalmente, guerras no plano internacional eram travadas entre dois ou mais Estados nacionais atuando individualmente ou sob a forma de alianças ou coalizões militares, envolvendo, em geral, um amplo espectro de motivações, como desígnios hegemônicos, conquista territorial, controle de espaços importantes do ponto de vista geopolítico e econômico-comercial, disputas étnicas e religiosas, dentre outras. Tratava-se, portanto, de guerras interestatais, como foram a própria Segunda Guerra Mundial, a Guerra Irã-Iraque (1980-1988), a Guerra das Malvinas (1982) entre Reino Unido e Argentina, a Guerra do Cenepa entre Peru e Equador (1995) e a guerra entre Rússia e Ucrânia iniciada em 2022.

No entanto, esse padrão de guerra decresceu significativamente desde a Segunda Guerra Mundial e de modo mais acentuado após o fim da Guerra Fria. Em contrapartida, aumentaram expressivamente os conflitos intraestatais impelidos por um vasto conjunto de fatores que compreende: (i) disputas político-ideológicas pelo poder em Estados recém-emancipados no bojo do processo de descolonização e do surgimento e recrudescimento da Guerra Fria travada globalmente pelos Estados Unidos e União Soviética; (ii) persistentes animosidades de cunho étnico e religioso no seio de vários Estados nacionais, frequentemente associadas também a (iii) disputas por controle de território e por acesso a recursos; (iv) ruptura do monopólio do Estado no emprego de meios coercitivos, o que, em conjunto, deu vazão a grandes espirais de violência com importantes desdobramentos e repercussões regionais e internacionais.

É consenso entre observadores e estudiosos da Segurança Internacional a tendência de forte redução dos conflitos interestatais e a prevalência dos conflitos violentos intraestatais que possuem alta incidência na África Subsaariana, com importantes e persistentes epicentros na República Democrática do Congo, Sudão do Sul, Nigéria e Etiópia, assim como na extensa faixa que se estende do Oriente Médio ao norte da África, onde prosseguem graves conflitos civis em países como Iêmen, Síria, Iraque, além da recente guerra entre Israel e o Hamas na Faixa de Gaza. Embora esses sejam exemplos de maior visibilidade e impacto, é importante sublinhar que ao longo dos anos 2000, observam-se, em média, conflitos armados em mais de 50 países, de acordo com dados do Instituto Internacional de Pesquisas para a Paz de Escolmo (Sipri, da sigla em inglês).

A mudança do padrão dos conflitos internacionais se fez acompanhar de um intenso debate político sobre a adequação dos mecanismos multilaterais voltados para a promoção da paz e da segurança, como a própria ONU. Fato é que, apesar de seu caráter doméstico, os conflitos violentos tornaram-se extremamente letais e danosos, tendo engendrado violações sistemáticas de direitos humanos, crimes de guerra, limpeza étnica e genocídios, expondo de modo direto e cruento inúmeras fragilidades de Estados no tocante às suas capacidades de prover e garantir a segurança de suas populações internamente. A magnitude de tais catástrofes humanitárias levou ao questionamento sobre o comportamento da comunidade internacional frente a elas. Tornava-se clara, no contexto das Nações Unidas, a inadequação de instâncias e mecanismos concebidos para lidar com ameaças à paz e à segurança internacionais desde a ótica centrada nos Estados nacionais e na supressão dos conflitos entre eles como principais referentes dos esforços de segurança coletiva. No pós-Guerra Fria, instaurou-se um contexto em que o padrão de conflitos armados apontava para a crescente importância das guerras civis, dos conflitos étnicos e religiosos, bem como para o ativo envolvimento de atores não estatais como partes diretas. Ao mesmo tempo, tornavam-se patentes as fragilidades de muitos Estados e de seus respectivos governos e aparatos de segurança para conter a violência e fazer frente à crescente e, muitas vezes, indiscriminada vitimização da população civil.

No bojo desse processo, observou-se o deslocamento dos Estados nacionais como referentes ou protagonistas quase exclusivos da segurança internacional em favor da pessoa humana, dos indivíduos, o que trouxe consigo o enorme desafio político de ajustar as instituições e os mecanismos internacionais de segurança às novas realidades dos conflitos armados. Não se trata, porém, de afirmar que conflitos armados internos, em particular guerras civis, não tenham sido objeto de atenção e de importantes iniciativas, inclusive, operações de paz, de parte das Nações Unidas até então. O que se colocou em questão, sobretudo a partir dos anos 1990, foram os condicionamentos políticos e jurídicos a que estava sujeita a própria ONU para intervir em situações de conflitos violentos internos geradores de crises humanitárias de grandes proporções, quando sua própria Carta consagrava os princípios e os compromissos de resguardo da soberania dos Estados-membros e a não ingerência em assuntos domésticos. No tocante às operações de paz, erigiram-se, como já visto, os princípios do consentimento das partes, da imparcialidade e do não emprego da força, exceto para autodefesa e cumprimento de mandato do Conselho de Segurança, os quais obstruíam impulsos intervencionistas.

As controvérsias a respeito da atuação da comunidade internacional por meio da ONU em face de graves crises humanitárias e as tentativas de contornar impedimentos normativos envolveram reclamos em favor do "direito de ingerência" em situações em que o resguardo da soberania resultasse, mesmo que inadvertidamente, em condições favoráveis à ocorrência de violações de direitos humanos e de atentados à integridade e à dignidade da pessoa humana em larga escala. Sob a mesma lógica e com impulso mais assertivo, despontou o pleito em favor de se invocar o "dever de ingerência" para intervir em tais casos. Aquelas eram formulações que procuravam eludir, ao menos retoricamente, a questão de fundo que era a intervenção internacional a ser perpetrada pelas Nações Unidas em Estados-membros soberanos e com impacto direto nas operações de paz como principal mecanismo de atuação da ONU e da própria comunidade internacional em contextos marcados por conflitos armados. Na verdade, foram se construindo, a partir do fim dos anos 1990, visões e um ambiente político favorável ao fortalecimento das capacidades militares e de mandatos mais permissivos ao emprego da força em operações de paz, em cenários fortemente conflagrados. Em tais contextos, as operações de paz passaram a ser concebidas e qualificadas como "robustas".

Seus mandatos refletiam preocupações recolhidas no Capítulo VII da Carta das Nações Unidas, mesmo que estivessem formalmente constituídas sob a égide do Capítulo VI.

O processo de discussão política no seio das Nações Unidas sobre a atuação da comunidade internacional frente a conflitos que geravam graves crises humanitárias teve como desdobramento e marco fundamental a instituição, em 2001, da Comissão Internacional sobre Intervenção e Soberania, sob a gestão do secretário-geral Kofi Annan. Em seus trabalhos, essa Comissão recolheu argumentos em favor da intervenção por razões humanitárias e da concomitante relativização do primado da soberania estatal e que resultou na proposição de um novo princípio, o da responsabilidade de proteger. Segundo esse princípio, quando um Estado for incapaz de garantir a segurança de sua população em face das violações sistemáticas de direitos humanos, crimes de guerra, limpeza étnica e genocídio, é responsabilidade da comunidade internacional intervir para protegê-la, colocando em xeque a inviolabilidade da soberania do Estado em questão.

Essa forma de intervenção de caráter humanitário não estaria também obstruída pelo princípio do consentimento, uma vez serem as fragilidades do próprio Estado dimensão central e constitutiva dos processos de violência que estariam afligindo sua população. Na verdade, assim como ocorrido em relação ao conceito de soberania, houve a relativização do princípio do consentimento, mas não seu abandono por completo. Isso revela a persistência de um dilema de natureza eminentemente política que, no que respeita às operações de paz, termina sendo gerido no seio do Conselho de Segurança à luz de imperativos humanitários, de um lado, e do complexo jogo de interesses dos atores envolvidos, inclusive de seus membros permanentes que devem convergir para que uma ação coletiva possa ser empreendida por meio da ONU, de outro.

De todo modo, observa-se que, nas três últimas décadas, o sistema de operações de paz das Nações Unidas foi instado a se adaptar a tendências e padrões dos conflitos armados internacionais, suscitando importantes controvérsias políticas dentro da própria ONU sobre os limites e as implicações da maior permissibilidade ao emprego da força em operações de paz. De um lado estava o argumento de que tal permissibilidade favoreceria a influência e os interesses das grandes potências, ao mesmo tempo que tornava as operações de paz mais custosas em termos políticos, econômicos, militares e, eventualmente, humanos. De outro, estava a alegação de que operações e mandatos robustos eram imperativos políticos e humanitários em razão da própria gravidade e extensão dos conflitos frente aos quais as operações eram desdobradas.

Outro aspecto colocado em questão neste debate sobre a adequação das operações de paz a conflitos mais intensos e complexos em suas origens e suas projeções domésticas e regionais é a tendência de crescente acolhimento da concepção de operações multidimensionais. Essas operações conjugam preocupações, objetivos e meios mais imediatos e próprios de pacificação (*peace making*) e medidas de caráter mais estrutural típicas da construção da paz (*peace building*), envolvendo, portanto, múltiplas dimensões (militar, policial, judicial e de assistência humanitária, política, econômica, social), o que traz consigo a tendência de custos mais elevados e maior duração das operações. Isso coloca em questionamento o sensível tema dos aportes de recursos humanos, materiais e financeiros demandados e que devem ser providos de forma sustentada por períodos maiores de tempo, sob risco de comprometimento dos objetivos perseguidos.

A esse respeito, é importante assinalar que, para além dos grandes desafios políticos com que se depara desde o fim da Guerra Fria e que dizem respeito, *grosso modo*, à sua adequação às grandes transformações do sistema internacional nos planos político, estratégico militar e econômico e à emergência de temas globais interconectados e que reclamam maior capacidade de governança global, a ONU padece de uma prolongada e profunda crise financeira. A crescente limitação de seu orçamento anual restringe fortemente a capacidade de atuação da ONU, inclusive na manutenção da paz e da segurança, o que favorece a busca por parcerias para entabular operações de paz em particular com organismos regionais. Assim, observa-se tendência sustentada já há mais de uma década de que as operações de paz em curso globalmente envolvam tais parcerias ou sejam conduzidas diretamente por organismos regionais, com destaque para a Organização da Unidade Africana (OUA). Com efeito, as operações de paz dirigidas exclusivamente pela ONU têm representado cerca de um terço do total das operações conduzidas anualmente ao longo dos últimos dez anos, o que aponta para a grande importância dos organismos regionais nesse campo e, embora em muito menor escala, das coalizões *ad hoc* de Estados para a promoção de operações de paz.

À guisa de conclusão do presente capítulo, é oportuno abordar, em perspectiva geral, as motivações do engajamento brasileiro em operações de paz, o que remete a interesses e objetivos concomitantes nos âmbitos da defesa e da política externa. A política externa brasileira tem tido como vetores fundamentais, desde a Segunda Guerra Mundial, o universalismo, o favorecimento de uma ordem multipolar e o fortalecimento do multilateralismo, os quais, aliados à recusa a alinhamentos automáticos e à tentativa de ampliar a influência do país nos processos decisórios internacionais, representam os traços marcantes de sua estratégia de projeção como ator global.

Nesse sentido, a participação em operações de paz das Nações Unidas se afigura, historicamente, como importante campo de oportunidades cujos benefícios o país procurou auferir desde o princípio ao participar da primeira operação conduzida pela ONU em 1947, integrada por 36 observadores e delegados (dentre os quais dois diplomatas brasileiros) de Brasil, Estados Unidos, França, China, México, Holanda e Grã-Bretanha sob o manto do Comitê Especial das Nações Unidas para os Bálcãs. Esse Comitê foi constituído pela Assembleia Geral para acompanhar a guerra civil em curso na Grécia e seus reflexos nas fronteiras com Albânia, Iugoslávia e Bulgária, na região dos Bálcãs.

Cerca de uma década depois, em 1956, o Brasil integrou a I Força de Emergência das Nações Unidas (Unef I), criada pelo Conselho de Segurança para atuar na crise do canal de Suez, ao que se seguiram participações em operações de paz realizadas em Nova Guiné, com o envio de dois militares, e no Congo (1964) já com uma participação mais robusta de 180 oficiais da Força Aérea Brasileira, concomitantemente no Chipre (1964-67) e, logo em seguida, nas fronteiras entre Índia e Paquistão (1965-66), com o envio de observadores militares. Essas iniciativas, ao lado de sua ativa participação nos debates sobre desarmamento no marco da ONU, foram suficientes para projetar o Brasil como ator disposto ao engajamento em temas e iniciativas de segurança para apoiar esforços multilaterais.

No entanto, com o advento do regime militar (1964-85), o Brasil se absteve de participar em operações de paz por considerar que a dinâmica política das Nações Unidas, notadamente de seu Conselho de Segurança, refletia a prevalência dos interesses das grandes potências e contribuía para o congelamento de uma estrutura de poder que passava a ser questionada pelo Brasil, então impelido por um viés autonomista e cada vez mais crítico sobre a legitimidade da ordem internacional vigente. Somente com o fim do período militar e já no contexto de uma profunda reconfiguração da ordem internacional que culminaria com o fim da Guerra Fria, o Brasil retomou, desta vez com crescente ímpeto, a participação em operações de paz como parte do esforço de elevar seu perfil internacional regional e global, acompanhando e participando também do processo de discussão das mudanças no âmbito das operações de paz no marco das Nações Unidas.

A partir de então, o engajamento brasileiro em operações de paz se intensificou, em particular em operações realizadas no continente africano, espaço que voltaria a ser prioridade da política externa brasileira notadamente a partir dos anos 2000. É importante destacar que, no mesmo contexto, o setor da Defesa passava por importantes mudanças no Brasil, com o advento, em 1996, da primeira versão de sua Política Nacional de Defesa, que abriu caminho para a criação do Ministério da Defesa em 1999, o que, por sua vez, contribuiu diretamente para a construção de uma pauta internacional na qual as operações de paz ganharam destaque por atender não apenas aos desígnios de política externa, cada vez mais voltados para uma ativa inserção internacional e projeção do país como ator global, mas também aos interesses e às necessidades das Forças Armadas que as valoram como oportunidades singulares de aprendizagem, aprimoramento e aplicação de um amplo conjunto de atributos e capacidades imprescindíveis do ponto de vista estritamente militar.

O forte impulso da participação brasileira em operações de paz, observado de modo inequívoco a partir dos governos de Luiz Inácio Lula da Silva (2003-2010), está consignado no fato de o Brasil ter tomado parte em 54 operações de paz da ONU conduzidas a partir de 1947, 33 das quais a partir de 2003, tendo como marco culminante a Missão das Nações Unidas para Estabilização do Haiti, a Minustah (2004-2017), para a qual o Brasil mobilizou 36 mil contingentes majoritariamente do Exército Brasileiro, tendo exercido também o comando do componente militar da missão. O encerramento da Minustah em 2017 e da participação brasileira na Força Interina das Nações Unidas no Líbano (Unifil, na sigla em inglês) em que o país atuou com um expressivo contingente naval, assim como a decisão do governo brasileiro sob Michel Temer de declinar a participação em operação de paz na República Centro Africana criaram um hiato na participação brasileira em operações de paz, o que guarda relação também com as dificuldades orçamentárias que o país tem atravessado nos últimos anos e que incidem diretamente em seu orçamento de defesa. No entanto, há expectativas de que tal participação seja gradualmente retomada uma vez reinstauradas condições políticas e econômicas para tanto, visto que as motivações políticas e as necessidades que fundamentam o interesse brasileiro no que tange à participação em operações de paz se mantêm substantivamente inalteradas.

Armamentismo, regimes de controle e não proliferação

Ao longo da evolução das sociedades humanas, um traço distintivo de seu progresso foi o avanço técnico e tecnológico em diversas áreas, como na agricultura, administração, ciências, entre outras. No entanto, o destino dos povos ao longo da história esteve intimamente ligado à sua capacidade de fazer a guerra. Desde a Antiguidade até a Era Moderna, vê-se a relevância da construção de forças militares – voluntárias ou profissionais – aptas a empreender o esforço bélico e a manejar meios de forma a conquistar sucesso militar e vitória política. Nesse contexto, qual a relação entre armas e a propensão para a paz ou a guerra? Como o desenvolvimento, a aquisição e o acúmulo de armamentos sinalizam intenção entre países no sistema internacional e como falhas de percepção podem desencadear conflitos armados? Como o sistema internacional viu a emergência de regimes de controle de armas e esforços de não proliferação? Essas questões exemplificam os principais aspectos que serão objeto de discussão neste capítulo. Dividido sob a tríade armamentismo, regimes de controle e não proliferação, a sequência lógica de temas e questões que estruturam o presente capítulo permitirá ao leitor uma compreensão mais clara sobre como armas e o seu controle podem ser uma força para a paz ou para o conflito internacional.

Desde tempos antigos, em que o uso das bigas de guerra pelo Egito contra os seus contendores era uma notável vantagem militar, até os trirremes atenienses contra seus oponentes no mar Egeu, chegando ao domínio da engenharia de combate romana que destruiu a resistência gaulesa; aspectos como a tecnologia, a técnica e armas constituíram uma tríade que – ao lado de doutrinas de emprego e organização – proporcionaram o êxito contra os seus inimigos.

Tendo por princípio que a guerra é um instrumento do desígnio político e não um fim em si mesmo, considera-se que o ato de força bélico constrói condições políticas para uma paz desejável. Assim, a guerra é um expediente que, em geral, se busca evitar, especialmente quando ela ocorre por ato de agressão de outrem contra si. Esse sentimento ajuda a entender o famoso dito de Vegetius: "se queres a paz, prepara-te para a guerra" (no original, "*Si vis pacem, para bellum*"). Contudo, a preparação para a guerra como antídoto da própria guerra – uma que enseja uma ideia de dissuasão – nem sempre encontrou eco na história. O problema se coloca mais claro sob a seguinte pergunta: e quando, com o objetivo da paz, a preparação para a guerra precipita a própria guerra a qual se quer evitar? Quando o desenvolvimento e a aquisição de armamentos – em especial grandes sistemas de armas – são exatamente os fatores que promovem a sua eclosão?

O tema que as questões anteriores nos confrontam opõe duas lógicas securitárias: de um lado, entre a lógica na qual a posse de mais e melhores armas é em si um fator de segurança, do outro, o argumento de que mais e melhores armas podem ter como resultado a redução da própria segurança. Em termos conceituais, o desafio que se impõe à lógica de Vegetius é conhecido como "dilema de segurança" e "corrida armamentista". Ambos os conceitos repousam no pressuposto de que reina no sistema internacional uma condição estrutural de incerteza. Independentemente das informações que cada ator possa saber do outro, por melhor que sejam as suas agências de inteligência, em geral, as informações são imperfeitas e incompletas. Um exemplo notável disso foram os ataques do Hamas contra Israel em 7 de outubro de 2023. Previamente aos ataques, Gaza era um território relativamente isolado do mundo exterior por terra, mar e ar. Em torno de si fora erguido um muro altamente tecnológico, dotado de sensores, câmeras de vídeo e torres de vigilância munidas de armamentos remotamente controlados. Somados a essa estrutura de segurança, serviços de segurança interna de Israel, mais precisamente o Shin Bet, atuavam no interior do território palestino. Mesmo assim, Israel não logrou evitar os ataques do Hamas naquela ocasião, desencadeando a guerra.

Outro fator associado ao peso da incerteza na insegurança consiste na incapacidade de ler a mente do seu adversário. Como distinguir razoavelmente se vivemos em uma "paz estável" ou em um "estado de guerra"? Em 2022, após a visita de Nancy Pelosi, então presidente da Câmara dos Estados Unidos, a Taiwan, a China reagiu com vultosos exercícios militares e demonstrações de força em torno da ilha, trazendo à tona uma nova crise no estreito. Após esse evento, nos anos subsequentes, Pequim tem realizado exercícios militares cada vez mais audaciosos no entorno de Taiwan. Em que medida esses exercícios configuram ações coercitivas em um contexto ainda de paz formal ou podem ser interpretados como uma escalada qualitativa na tensão entre os atores, a ponto de ser percebida como um estado de guerra? Em que medida ambas as respostas são objetivas? Isso ajuda a entender como a dimensão psicológica na segurança internacional é um contributo essencial para a interpretação da segurança, e da importância dos armamentos e seus significados.

Associado à incerteza estrutural, o medo é outra constante que perpassa a leitura e ação dos atores no sistema internacional, e ajuda a compreender o dilema de segurança e dinâmicas como a corrida armamentista. A incerteza e o medo constituem parte do pilar de uma das primeiras explicações sobre causas da guerra, fornecida por Tucídides ao apontar a tríade de "medo, honra e interesse" para explicar as causas da Guerra do Peloponeso (431 a.C. a 404 a.C.). Com isso em mente, o sistema internacional pode ser concebido como um sistema de medo. E nesse sistema, os armamentos são um potente fator de estabilidade e instabilidade, tanto material como simbólico.

Como perspectiva, o armamentismo entende que a produção e a aquisição de armas são em si fatores de segurança. Essa perspectiva se filia a teorias que interpretam o poder tanto como absoluto quanto como relativo. Na primeira, quanto mais armas, mais segurança, independentemente de quanto o seu inimigo as possua. Na segunda, o quanto de armas e sua relação *vis-à-vis* à segurança associam-se a quantas e quais o seu adversário possui. Em ambas as perspectivas, armamento é uma variável-chave na construção da segurança. Contudo, essa crença, a qual ecoa o dito de Vegetius ao qual fizemos referência, produz três fenômenos fundamentais na relação entre armas e segurança: o comércio de armas, as dinâmicas armamentistas e a corrida armamentista.

Não obstante armas serem aspectos fundamentais do poder militar, normalmente associados à (in)segurança, nem todos os países possuem uma indústria de defesa bem desenvolvida. Contudo, o comércio de armas é uma parte fundamental tanto da economia política como da segurança internacional. De uma forma geral, esse comércio se divide em dois segmentos principais. O primeiro consiste no comércio de grandes sistemas de armas (*major weapons systems*), como aeronaves de combate, carros de combate (tanques médios ou pesados) e navios de guerra. Grandes sistemas de armas são por essência a espinha dorsal do poder militar convencional no que tange a meios de emprego militar. Um F-35 é composto de um sistema de navegação, sensores como radares, uma suíte de guerra eletrônica e comunicações, armado com uma ampla variedade de mísseis para distintas missões, como ar-ar ou ar-terra, por exemplo.

O segundo segmento diz respeito ao comércio de armas leves e pequenas (SALW, Small and Light Weapons). Elas correspondem em geral a armas de uso individual, desde fuzis de assalto, como o AK-47, até mísseis portáteis (MANPADS), como Stinger ou Javelin, ainda em uso na guerra da Ucrânia.

Não obstante a comunidade internacional tenha uma notável atenção para o comércio internacional de armas, o qual foca grandes sistemas de armas, o comércio de armas leves é muito mais associado à elevada letalidade em diversos conflitos civis ou dinâmicas criminais ao redor do globo. Tomada a proporção de vitimização em regiões como América Latina e Caribe pelo uso de armas leves em conflitos internos, por seu efeito letal no agregado, armas leves são verdadeiras armas de destruição em massa.

Ao lado do comércio de grandes sistemas de armas e armas leves, soma-se uma terceira categoria: o comércio de itens com aplicações civis e militares, também conhecido como "bens duais". Por "bens duais" entende-se desde a produção de equipamentos, como helicópteros e aviões civis, drones e satélites, até programas de pesquisa nuclear, químico e biológico. Essa categoria nos será essencial para compreender a dificuldade dos esforços de não proliferação de armas de destruição em massa e da importância de regimes de controle. Afinal, a estratégia de produção de bens duais é comum na indústria armamentista, inclusive como uma forma de sobrevivência através da diversificação de produtos e mercados. No caso de áreas como a nuclear, química e biológica, existe um amplo mercado de serviços, insumos e produtos, que incluem desde usos medicinais e farmacêuticos, em que a pesquisa e o desenvolvimento nessas áreas são indispensáveis. Porém, iniciativas como o enriquecimento de urânio, o desenvolvimento de novos compostos químicos ou o fortalecimento de vírus e bactérias podem ser transformadas em armas (*weaponized*).

Ao lado dessa dualidade, distintas lógicas regem o comércio global de armas, as quais às vezes ampliam a incerteza e impactam a segurança internacional. Sob esse comércio perpassa uma lógica geopolítica, segundo a qual a própria natureza "governo a governo" do comércio de armas cria vinculações entre os países que negociam entre si. Esse comércio é percebido como tendo o potencial de estruturar e aprofundar relações de cooperação, alinhamento e alianças. Afinal, um país, ao adquirir armamentos de outro país, estabelece um vínculo longo com a sua indústria. Meios de financiamento deverão sustentar os pagamentos, parcerias entre indústrias de defesa poderão ocorrer em ações de coprodução ou para a manutenção dos meios adquiridos, tal como a modernização de meia-vida de plataformas complexas, normalmente previstas no ciclo de vida dos produtos. Em caso de arrefecimento nas relações bilaterais, essas relações podem ser profundamente afetadas, impactando o *status* do desenvolvimento da aquisição de uma plataforma ou sistema de armas. Devemos retomar o exemplo do F-35 Lightning II como ilustração desse argumento.

Embora a indústria aeroespacial dos Estados Unidos seja, em princípio, autossuficiente, a aeronave mencionada foi um produto desenvolvido por um grupo de oito parceiros internacionais, a saber: Estados Unidos, Reino Unido, Itália, Países Baixos, Austrália, Noruega, Dinamarca e Canadá. A esses se somaram sete países que a partir do programa Foreign Military Sales estão adquirindo e operando o F-35: Israel, Japão, Coreia do Sul, Bélgica, Polônia, Cingapura e Finlândia. O exemplo supracitado deixa claro que, além da lógica geopolítica de fortalecer alianças e alinhamentos, soma-se a isso a construção de vínculos robustos entre indústrias de defesa, o que reforça substantivamente a inovação, a pesquisa e o desenvolvimento de novos sistemas de armas e plataformas. Assim, a lógica geoeconômica reforça em grande medida os ganhos geopolíticos deste tipo de iniciativa internacional. Em países como os EUA essa relação vai além. A indústria de defesa desempenha importante papel na política doméstica e internacional, desde a criação de milhares de postos de trabalho até financiamento de campanhas. Inclusive, esta foi uma questão na qual o presidente Eisenhower tocou em seu discurso de despedida ao cunhar a expressão "Complexo Industrial Militar". Porém, além das duas lógicas supracitadas no comércio internacional de armas, o que move o desenvolvimento e a aquisição de armamentos? A seguir, veremos os argumentos da dinâmica e da corrida armamentista.

Como observado, o comércio de armas está ligado a questões de paz, segurança, mas também a desenvolvimento e dependência. Sobre isso, o conceito de dinâmica armamentista consiste no processo e na interação entre Estados no desenvolvimento e na aquisição de armas. Assim, essa interação é movida por fatores externos – como a competição ou o conflito internacional – e internos – como políticas públicas e percepção de ameaça. A ideia de dinâmica armamentista dá vazão a outros dois conceitos complementares. A dinâmica de aquisição de armas diz respeito tanto a motivações como a processos que levam os países a adquirirem novas armas ou à modernização das existentes. De forma complementar, a dinâmica de efetividade armamentista versa sobre como as armas adquiridas são usadas, e como isso influencia suas políticas de segurança e postura de defesa. Deve-se atentar que a dinâmica armamentista pode ocorrer tanto em contextos de competição como de cooperação e, normalmente, diz respeito a políticas mais contínuas na área de defesa e segurança. Por exemplo, a necessidade de modernização devido à obsolescência pode provocar o impulso por adquirir novos meios. Sobre isso, o Brasil adquiriu caças Saab Gripen NG-BR (F-39 Gripen) com o objetivo de substituir o seu principal vetor de superioridade aérea, os F-5M (modernizados). O processo de reequipamento FX-2 se deveu muito mais em virtude das vulnerabilidades do poder aéreo nacional do que por pressão competitiva regional ou global.

No entanto, o comércio de armas tanto pode alimentar conflitos regionais e locais como pode ser alimentado por eles. Apesar de sua dinâmica geoeconômica, a aquisição de certas plataformas e sistemas de armas pode ter efeitos geopolíticos adversos, como a percepção de desafio ao balanço militar bilateral ou regional, contribuindo para instabilidade e insegurança. Nesse caso, a corrida armamentista é o fenômeno em tela. Percebida tradicionalmente como um efeito do dilema de segurança, discutido no início do capítulo, a corrida armamentista ocorre no contexto de uma competição de segurança entre dois ou mais atores, envolvendo a produção e/ou aquisição de armamento, o aumento no quantitativo das Forças Armadas e no desenvolvimento tecnológico militar. Lastreada na ideia da incerteza estrutural no sistema internacional, a corrida armamentista é compreendida como um tipo de interação estratégica – material e psicológica – que tende a aumentar o medo e a hostilidade entre países, potencialmente contribuindo para a eclosão de guerras.

Mas afinal, como se dá essa corrida? Buscando incrementar sua segurança, o Estado A busca desenvolver e/ou adquirir armamentos. Como consequência, o Estado B reage a esse movimento com ações semelhantes, mitigando os efeitos buscados pelo Estado A. Como reação, o Estado A amplia as suas ações, produzindo igual efeito no Estado B e assim por diante. Essa corrida pode ser percebida em casos históricos, por exemplo, a corrida naval anglo-germânica prévia à Primeira Guerra Mundial, assim como pela corrida armamentista relacionada aos sistemas de entrega de armas estratégicas baseados em mísseis lançados por plataformas terrestres, navais e aéreas.

É importante precisar que a corrida armamentista nem sempre se dá como espelho, ou seja, através de sistemas de armas iguais ou equivalentes. No contexto da Guerra Fria, o desenvolvimento de sistemas de mísseis cada vez mais capazes levou, por sua vez, ao desenvolvimento de mísseis balísticos defensivos, o que ameaçou alterar o equilíbrio estratégico entre EUA e URSS, promovendo assim mais insegurança. Por essa razão, regimes de controle de armas estratégicas se tornaram muito relevantes. No contexto de conflitos assimétricos e irregulares, como o que ocorre hodiernamente em Gaza e no sul do Líbano, a combinação do uso de drones, mísseis de curto alcance e foguetes se dá como resposta e contrarresposta a sofisticados sistemas de defesa antiaérea multicamada israelense, como o Iron Dome e David Sling.

Com esses elementos em mente, cabe entender como dinâmicas armamentistas podem degenerar em corridas armamentistas. Por mais que um país expresse que o seu rearmamento ou modernização não se dá em resposta a um desafio de segurança externo, como outros Estados poderão ter a certeza disso? Um Estado pode desenvolver sistemas de armas e classificá-los como defensivos, julgando assim não reduzir a percepção de segurança de seus pares. Entretanto, aquilo que um país vê como defensivo pode ser percebido por outro como ofensivo. Um caso clássico disso foi a decisão da Otan de instalar um escudo antimísseis na Europa Central e do Leste nos anos 2000. Na ocasião, a administração George W. Bush argumentava que tal sistema era fundamental para a proteção da aliança contra Estados párias, os quais normalmente agem à margem do direito internacional, notadamente Irã e Coreia do Norte, países pertencentes ao então denominado "Eixo do Mal" pelos EUA. Entretanto, o que seria uma estrutura defensiva antimíssil foi percebido pela Rússia como uma ameaça de segurança, pois, ao instalá-la, a Otan poderia ameaçar severamente as capacidades de contra-ataque nuclear russas – conhecido na literatura como segundo ataque –, afetando assim o equilíbrio estratégico europeu e a credibilidade de sua dissuasão nuclear.

Como se vê, armas podem ser percebidas tanto como contribuidoras para a segurança como para a insegurança. Por essa razão, estratégias dissuasórias – nucleares ou convencionais – são ancoradas nos pilares das capacidades e da credibilidade, nos quais a comunicação e a mensagem têm um papel fundamental ao sinalizar e esclarecer intenções. Quando isso falha e o dilema de segurança se instaura, a dinâmica armamentista pode se converter em corrida, contribuindo para a escalada de conflitos, com efeitos adversos não só para a segurança internacional, como também para outras áreas, como desenvolvimento econômico e saúde. É com esse risco em mente que o século XX viu a emergência de regimes de controle de armas e esforços de não proliferação, tópicos abordados a partir de agora.

O advento do comércio global de armas e os seus efeitos, representados pela dinâmica ou corrida armamentista, foram acompanhados por esforços de cooperação internacional com fins de mitigar os riscos provenientes desses problemas. Entre as iniciativas que visam mitigar a névoa da incerteza e o medo estrutural está a construção de diversos regimes de controle de armas, mais notadamente de armas estratégicas. Entretanto, essa é apenas uma das lógicas sobre a incerteza e sobre como lidar com ela.

A lógica fatalista parte do pressuposto de que a competição de segurança não é passível de ser evitada nas relações internacionais. Partindo da natureza humana ou da estrutura anárquica do sistema como cerne da explicação, essa lógica indica que o conflito é uma constante das relações interestatais. Isso não quer dizer que a cooperação não seja possível, inclusive no que toca ao controle de armas, mas ela é contingente, autointeressada e instável. Em contraposição a ela, a lógica transcendental compreende que os vetores de conflito interestatal podem ser superados através da mudança das preferências, do aumento de informações e da construção de medidas de confiança mútua. Ademais, se concebe que instituições podem ter o efeito de mudar preferências e afetar a socialização de Estados e seus agentes na política internacional. Por exemplo, a União Europeia pode ser lida como um experimento vitorioso na construção de uma comunidade de segurança.

Como caminho intermediário entre as posições fatalista e transcendental, emerge a lógica mitigadora. Nessa perspectiva, a competição de segurança pode ser atenuada, embora não possa ser completamente superada. Ou seja, existe espaço de agência para que, através da cooperação, se mitiguem os riscos e custos da incerteza e do medo, diminuindo assim os efeitos adversos da anarquia internacional. Para isso, organizações, instituições e em particular regimes são fundamentais. Nesse contexto, regimes de controle de armas são princípios, normas e regras, estruturados em acordos formais e às vezes vistoriados por instituições internacionais, com o objetivo de regular a produção, a posse e a transferência de certo tipo de armas e tecnologias percebidas como sensíveis. A ideia subjacente é que regimes de segurança promovem, através do aprendizado mútuo e da institucionalização, maior previsibilidade às relações de segurança. Esses regimes deveriam, entre outras funções, aumentar a transparência e a confiança mútua entre os participantes do regime, mitigando assim os riscos de falhas de percepção e conflito armado entre eles.

Entre os regimes de segurança, regimes de controle de armas podem ser definidos como acordos ou estruturas institucionais criadas entre países para regular a produção, a posse, a transferência e o uso de certos tipos de armas. O objetivo desses regimes é reduzir a ameaça de conflitos armados, minimizar os custos associados ao armamento excessivo e promover a estabilidade global. Regimes de controle de armas envolvem tratados multilaterais, organizações internacionais e medidas de transparência que ajudam a prevenir uma escalada armamentista, melhorar a segurança mútua e fortalecer a cooperação internacional. Exemplos de regimes de controle de armas incluem o Tratado de Proibição Completa de Testes Nucleares (CTBT, da sigla em inglês) e o Tratado de Redução de Armas Estratégicas (Start, da sigla em inglês).

Como é possível perceber, não obstante o caráter anárquico do sistema internacional, existe uma arquitetura institucional na Segurança Internacional que busca promover a paz, regular o uso da força e dirimir as tendências de conflito armado. Entre as mais célebres é o próprio Conselho de Segurança da ONU, cuja atribuição de usar a força militar para a defesa de um membro ou grupo ameaçado é um pilar na regulação da Segurança Internacional. Entretanto, diversos regimes, tratados e acordos dão densidade a essa arquitetura institucional, em particular no que diz respeito a armamentos e tecnologias, algumas das quais sensíveis. Entre os mais célebres podemos citar o Tratado de Não Proliferação Nuclear (TNP), sobre o qual versaremos com mais detalhes adiante. Ligado a este, temos o já citado CTBT, essencial como contributo à desaceleração da corrida nuclear entre Estados Unidos e União Soviética. Também nesse sentido, o Tratado de Forças Nucleares de Alcance Intermediário (INF, da sigla em inglês) e o Tratado de Mísseis Antibalísticos (ABM, da sigla em inglês) foram acordos fundamentais para dar mais transparência e confiança entre as duas superpotências da Guerra Fria, tendo continuado atuando no pós-1991 como estabilizadores do sistema, até a saída unilateral do ABM pelos EUA em 2001 e do INF em 2018. Mas o mais relevante desses acordos foi o Start, inaugurado na Guerra Fria e revisto depois com o New Start. Este tinha como intenção limitar a quantidade de ogivas nucleares dos EUA e URSS/Rússia.

Embora essa arquitetura internacional esteja em crise pela não renovação, denúncia ou saída unilateral de tratados por seus membros, a comunidade internacional ainda preserva importantes regimes internacionais, tal como existe a necessidade de novos. No primeiro caso, salientamos a relevância do Regime de Controle de Tecnologia de Mísseis (MTCR, na sigla em inglês). Criado originalmente entre os países do G7 em 1987, atualmente cerca de 35 países são partícipes do MTCR, cuja ênfase nasceu centrada em esforços de controle e não proliferação de sistemas de armas com potencial de desestabilização da segurança internacional, em particular ligado a armas nucleares. Com foco em meios de entrega como mísseis, na atualidade o regime cobre distintos vetores de entrega potencialmente relacionados a todas as formas de armas de destruição em massa. O regime, apesar de não ser um tratado formal, contribui com a vigilância e transparência de equipamentos e componentes missílicos e outras tecnologias que possam servir como vetores de entrega de armas nucleares, químicas ou biológicas. Embora o foco do MTCR tenha se voltado a dinâmicas mais quentes da Guerra Fria, ainda hoje países como Brasil participam do regime e, a partir disso, buscam acesso a materiais sensíveis para o desenvolvimento de projetos estratégicos, por exemplo, o míssil AV-MTC 300 da Avibras, desenvolvido em cooperação com o Exército Brasileiro. Nos anos recentes, o MTCR tornou-se ainda mais relevante e desafiado, pois integra em sua missão a prevenção da proliferação de sistemas de entrega de WMD não tripulados, como drones.

No que se refere a novos regimes, uma área de demanda crescente diz respeito à criação de um regime internacional sobre Sistemas de Armas Letais Autônomas (LAWS). Organizações como a Cruz Vermelha Internacional realizam importante mobilização internacional, alertando sobre o risco que armas autônomas apresentam, seja entre combatentes, seja para não combatentes. Ademais, a própria existência de armas autônomas, cada vez mais presentes em campos de batalha, como na Ucrânia, em Gaza e no Líbano, traz à tona questões morais e éticas sobre se sistemas de armas podem tomar decisões de vida e morte. Questões semelhantes são colocadas pelo próprio secretariado-geral das Nações Unidas, em especial desde 2018 com António Guterres à frente da instituição. Em 2023, inclusive, foi lançada uma nota pelo secretariado-geral da ONU para o estabelecimento de proibições e restrições a sistemas de armas autônomas.

É importante frisar que esses acordos e tratados estruturaram regimes que não minaram as capacidades ofensivas e defensivas dos principais contendores na geopolítica internacional. Diferentemente disso, deram maior previsibilidade para a competição estratégica e tecnológica, contribuindo para a redução dos custos dessa mesma competição, com a manutenção de arsenais e sistemas extremamente caros de construir e manter. Mantida a competição entre os países no campo de armamento e armas estratégicas, a ideia era que através da transparência e de medidas de confiança mútua fosse possível mitigar a probabilidade de conflitos armados ou até do emprego de armas nucleares. Apesar de não possuírem um pressuposto de desarmamento, regimes de controle de armas buscavam, entre outras coisas, reduzir os riscos da proliferação de armas e em particular de armas de destruição em massa. Por esse motivo, abordaremos a não proliferação.

O advento das armas nucleares e o seu fatídico emprego em 6 e 9 de agosto de 1945 abriram um novo capítulo na história. O poder do átomo, agora sob domínio humano, permitiu criar aquilo que Bernard Brodie chamou de "a arma absoluta". O emprego das armas nucleares em Hiroshima e Nagasaki foi a culminação de uma corrida entre as potências da época por essa tecnologia. Entretanto, tendo os EUA desvelado o seu uso, já em 1949 a União Soviética realizou seus testes nucleares, sendo o primeiro caso de um tema que está na prateleira da alta política até os dias atuais: a proliferação nuclear. A não proliferação diz respeito aos esforços para prevenir a proliferação de meios que possam servir de vetores para a entrega tanto de armas de destruição em massa como de sistemas convencionais, como mísseis e armas leves. No entanto, maior ênfase e esforço são dados à primeira categoria.

Entre 1945 e 1968, viu-se o advento da proliferação nuclear vertical e horizontal. Se a União Soviética se apressou para desenvolver suas armas nucleares e sistemas de entrega, o mesmo ocorreu com Reino Unido, França e China (continental). Enquanto os Estados Unidos e a URSS apostavam na proliferação vertical, a qual consiste na melhoraria e no aumento da capacidade nuclear, os demais países foram objeto da proliferação horizontal, que consistiu na disseminação de armas nucleares para países que não as possuíam. No contexto da Guerra Fria, tanto a proliferação vertical como a horizontal eram parte da solidificação de sistemas de alianças, mas também eram parte indelével de estratégias de dissuasão nuclear, apoiando-se na chamada dissuasão estendida, ou seja, quando um Estado mais poderoso tem o efeito de dissuadir oponentes em favor de terceiros. Somada a isso, a proliferação vertical viu o rápido desenvolvimento de tríades nucleares – meios de entrega terrestres, aéreos e navais (preferencialmente por plataformas submarinas) – em adição ao incremento exponencial do poder destrutivo das armas nucleares.

Apesar de as armas termonucleares serem um excelente exemplo da proliferação vertical, esse fenômeno também ocorreu com sistemas de entrega. Por exemplo, o Fractional Orbital Bombardment System (FOBS) foi um sistema de entrega missílico soviético capaz de lançar sobre um país diversas ogivas nucleares em alvos independentes, elevando substantivamente a capacidade destrutiva em um único míssil. Por sua vez, a proliferação horizontal dos EUA para o Reino Unido e da URSS para a China afetou o equilíbrio estratégico em suas respectivas regiões, levando outros países também a buscar programas nucleares com finalidade militar, ameaçando complicar o xadrez geoestratégico da era bipolar.

Como forma de limitar o acesso e o risco da proliferação nuclear, mas também de estabilizar a distribuição de poder relativo à posse de armas nucleares, em 1968 foi celebrado o Tratado de Não Proliferação Nuclear (TNP). O Tratado visava impedir a disseminação de armas nucleares, ao passo que buscava garantir o acesso a tecnologias, ao desenvolvimento e à pesquisa na área nuclear com finalidade pacífica. Contudo, mais do que não proliferação, o TNP oficialmente ensejava um desejo – especialmente por parte dos países não detentores de armas nucleares – pelo desarmamento nuclear. Em seu artigo VI, afirma que: "Cada Parte deste Tratado compromete-se a entabular, de boa-fé, negociações sobre medidas efetivas para a cessação em data próxima da corrida armamentista nuclear e para o desarmamento nuclear, e sobre um Tratado de desarmamento geral e completo, sob estrito e eficaz controle internacional." Mais de 50 anos após a criação do TNP, estamos mais distantes do desarmamento nuclear, dado que a proliferação nuclear ainda é um desafio contemporâneo, como demonstrado pelo teste nuclear norte-coreano ou pela suspeição envolvendo o programa nuclear iraniano.

Em um mundo em que a proliferação nuclear ainda é um problema sensível na segurança internacional, o papel de atores como a Agência Internacional de Energia Atômica (IAEA, na sigla em inglês) é fundamental. A ela cabe monitorar o uso pacífico da energia nuclear e criar óbices para a proliferação nuclear. Através da cooperação internacional, a IAEA é fundamental para a vitalidade do TNP, promovendo transparência, confiança e o *accountability* na área nuclear. Um exemplo de sua relevância é a ação próxima da IAEA em relação ao Irã. Desde os anos 1950, o país persa possui um programa nuclear, com longo histórico de pesquisa científica na área. No entanto, no contexto da guerra global contra o terrorismo, os EUA declararam o Irã como parte do "Eixo do Mal", acusando o país de atuar na proliferação nuclear. Há décadas, o programa nuclear do país vem sendo monitorado pela IAEA, que inclusive logrou identificar que possivelmente o Irã estaria agindo fora do escopo do TNP, alertando para o risco de proliferação nuclear.

A tecnologia nuclear, fundamental para áreas como energia e saúde, é dual por natureza. Pelo TNP, a pesquisa e o uso pacífico são garantidos a todos os partícipes do Tratado, entretanto, a separação entre um programa pacífico e militar pode ganhar fronteiras confusas. Por isso a discussão acerca dos protocolos adicionais ao TNP é um tema presente na pauta da Segurança Internacional há anos, com riscos de mitigar o acesso à pesquisa e à energia nuclear em fator da não proliferação. Enquanto países com robustos programas nucleares conseguem realizar cooperação no campo científico, tecnológico e de confiança mútua, como exemplificado pela Agência Brasileiro-Argentina de Contabilidade e Controle de Materiais Nucleares (ABACC), existem países que não são signatários do TNP, como Índia, Israel e Paquistão, mas possuem armas nucleares (oficial e não oficialmente). Casos como os do Irã e da Coreia do Norte demonstram que a questão da não proliferação nuclear é sensível pelo escopo de sanções internacionais impostas de forma punitiva a esses países, apenas superadas pelas sanções contra a Rússia em resposta à sua invasão da Ucrânia em 2022.

Não obstante organizações e regimes voltados à não proliferação de armas de destruição em massa, em especial armas nucleares, existem casos em que se buscou frear a proliferação nuclear através do uso da força militar. Antecipando a proliferação nuclear por parte do Iraque, em 1981 Israel bombardeou o reator nuclear Osirak na Operação Ópera. Evento semelhante ocorreu em 2007, quando Israel bombardeou o reator nuclear Al Kibar, do programa nuclear sírio na então Operação Orchard. Desde o início das administrações de Netanyahu como primeiro-ministro de Israel, o país busca meios e autorização para repetir ataque semelhante contra o programa nuclear iraniano. Esse anseio tornou-se mais expressivo após os ataques do Hamas de 7 de outubro de 2023 e, em particular, após os ataques iranianos com mísseis balísticos contra Israel em 1º de outubro de 2024. O que esses casos demonstram é que embora os regimes de controle de armas e de não proliferação continuem relevantes, existe o risco de proliferação vertical e horizontal na contemporaneidade.

Sistemas de entrega, especialmente os mísseis, e armas nucleares são uma combinação que tem o efeito de afetar o equilíbrio estratégico em regiões já tensionadas, como o Oriente Médio. Nesse ambiente conturbado, cabe indagar em qual situação os Estados estarão mais seguros: se no mundo com total proliferação nuclear ou com o progressivo aspecto intrusivo do TNP e de seus protocolos adicionais? O fato é que mesmo com ações ofensivas e reforço de regimes, a proliferação nuclear corre o risco de avançar, ao passo que os regimes de controle de armas encontram-se em flagrante crise.

O capítulo abordou a relação entre o armamentismo, os regimes de controle de armas e os esforços de não proliferação, contextualizando-os ao longo da história com suas implicações contemporâneas. Explicou como a produção e o acúmulo de armamentos influenciaram as dinâmicas de segurança internacional, destacando o dilema entre aumentar a segurança ou gerar insegurança, conhecido como dilema de segurança. Exemplos históricos, como a corrida armamentista na Guerra Fria e o desenvolvimento de tecnologias bélicas, ilustraram como a incerteza e o medo moldaram as relações internacionais.

Também foram analisados os regimes de controle de armas e de não proliferação, criados para mitigar os riscos associados à proliferação de armas, especialmente nucleares. Tratados, como o TNP e o Start, buscaram limitar o acesso a tecnologias de destruição em massa, promovendo maior previsibilidade nas relações de poder. Contudo, o texto destacou desafios contemporâneos, como o programa nuclear iraniano e as tensões envolvendo o uso de sistemas autônomos e missilísticos, evidenciando as fragilidades e a necessidade de novas iniciativas para a regulação internacional.

Por fim, o capítulo explorou a persistência da proliferação nuclear, tanto vertical quanto horizontal, e o impacto de ações unilaterais, como ataques militares contra instalações nucleares. Enfatizou a dualidade das tecnologias nucleares, úteis tanto para fins pacíficos quanto bélicos, e a importância de regimes de controle, como o TNP. Apesar dos esforços, concluiu-se que os desafios para a estabilidade global permanecem significativos.

Os atores não estatais violentos no contexto da Segurança Internacional

Desde o surgimento do sistema de Estados nacionais – cujo marco foram os tratados de Westfália, de 1645, que puseram fim à Guerra dos Trinta Anos travada entre as grandes potências europeias – até a segunda metade do século XX, a Segurança Internacional foi concebida como espaço de atuação praticamente exclusivo dos Estados nacionais. A promoção e a realização de seus interesses e objetivos políticos, econômicos e estratégico-militares e o conjunto das ações decorrentes no plano internacional conformariam, conceitualmente, suas respectivas políticas externas, que encontrariam, na diplomacia, o instrumento para sua condução por meios pacíficos e, nas Forças Armadas, seu instrumento de natureza coercitiva, sem se excluírem mutuamente. Desse modo, a procura pela solução de conflitos de interesse se daria, preferencialmente, pela via da negociação, vale dizer, pela via diplomática. Na eventualidade de esta se mostrar insuficiente ou incapaz de proteger e assegurar a consecução de interesses e objetivos em questão, o Estado poderia ameaçar empregar a força ou efetivamente empregá-la para impor sua vontade ou para coagir a outra parte a aceitá-la.

No entanto, como demonstra a própria história, o comportamento internacional dos Estados também tem sido marcado por impulsos unilaterais envolvendo diretamente o emprego da força contra terceiros para fins de conquista e expansão territorial, acesso a recursos, controle de espaços considerados sensíveis do ponto de vista geopolítico e estratégico e de rotas comerciais terrestres e/ou marítimas. Essas motivações se relacionavam, primariamente, a preocupações com a própria sobrevivência em um ambiente marcado pela presença de outros Estados, cujos interesses, intenções e recursos de poder eram percebidos como hostis. Poderiam também expressar ambições hegemônicas no plano regional, ou, até mesmo, no plano global. Tais aspectos estiveram na origem das guerras que os Estados travaram entre si ao longo de cinco séculos, sendo a guerra um fenômeno recorrente no panorama da segurança internacional em todo esse período e as ameaças de natureza militar o elemento subjacente mais importante a definir as percepções de segurança dos Estados em relação aos demais. Isso equivale a dizer que o campo da Segurança Internacional esteve tradicionalmente caracterizado pela projeção dos interesses de poder dos Estados nacionais entre si envolvendo a ameaça ou o emprego efetivo de meios coercitivos, vale dizer, da força militar, o que, por sua vez, fomentava percepções de ameaças e, em resposta, comportamentos tanto defensivos quanto ofensivos. Portanto, o comportamento internacional dos Estados, as formas e medidas com que recorrem ao emprego da força para proteger e promover seus interesses em relação aos demais Estados e as ameaças militares representaram, por séculos, o cerne da Segurança Internacional.

A consolidação dos Estados nacionais a partir da Guerra dos Trinta Anos e dos tratados de Westfália, antes referidos, consagrou o princípio da soberania e o monopólio legal do emprego da força pelo próprio Estado, o que, por um lado, contribuiu decisivamente para sua primazia como referente da Segurança Internacional. Por outro, relegou a um plano muito secundário outros atores capazes de desafiar o monopólio estatal de emprego da força e, assim, comprometer a segurança nos espaços terrestres e marítimos, do que são exemplos os bandos de salteadores, grupos mercenários e os corsários. Com efeito, a partir da segunda metade do século XVII e das duas primeiras décadas do século XVIII, observou-se, por exemplo, intensa atividade de pirataria marítima em ambos os lados do oceano Atlântico, no oceano Índico e na costa leste da Ásia, acompanhando a intensificação dos fluxos econômicos que se estabeleceram no seio de domínios coloniais. Foi necessário um grande esforço conjunto da Marinha inglesa, da Companhia das Índias Ocidentais e de vários governadores coloniais nos domínios ingleses, franceses, holandeses, portugueses e espanhóis para reprimir a pirataria marítima e pôr fim ao que alguns autores denominam ter sido seu "ciclo de ouro".

Para além da pirataria, a História também é repleta de importantes forças mercenárias de que são exemplos os 10 Mil, integrados por soldados veteranos da Guerra do Peloponeso, a Companhia Branca da Itália e a Guarda Varegue, na Era Medieval. Os próprios exércitos europeus, em plena Era Moderna, possuíam, em suas fileiras, grandes contingentes mercenários, o que não deixava de ser uma anomalia, na medida em que prestigiavam indivíduos e organizações que, por definição, prestavam serviços remunerados em caráter temporário sem prestar lealdade permanente a nenhuma autoridade estatal.

Cabe fazer menção também aos grupos anarquistas, nacionalistas e revolucionários, que recorreram a práticas terroristas na Europa do século XIX, e a organizações criminosas, como as máfias que surgiram ainda na Era Medieval, mas que se consolidaram também a partir do século XIX como precursoras do terrorismo e do crime organizado tal como os conhecemos contemporaneamente. Porém, todos se mantiveram em plano secundário no panorama da segurança internacional até os anos 80 do século XX.

A partir de então, consolidou-se o reconhecimento de que o espectro de ameaças aos elementos constitutivos fundamentais dos Estados – território, população e governo soberano – emanava não somente dos desígnios de poder e de hegemonia de outros Estados, mas também de um crescente conjunto de atores não estatais aptos a confrontarem o poder, as prerrogativas e as instituições dos Estados, atuando à margem da lei com propósitos diversos, como fragilizar e depor governos (movimentos de insurreição armada), disseminar o medo e fomentar insegurança, perpetrando atos de violência contra alvos inocentes ou indiscriminados para coagir autoridades e a própria população civil em favor de objetivos políticos (terrorismo) e assegurar condições para a obtenção de lucro por meio de atividades ilícitas, como o tráfico de drogas (crime organizado).

O ambiente internacional – marcado por crescente interdependência econômica e trazendo em seu bojo a intensificação dos fluxos de pessoas, bens e capitais intermediados por um complexo sistema de infraestrutura de comunicação, de transportes e de informações operado por agentes e corporações privadas no marco de economias abertas e globalizadas – suscitou desafios inéditos ao resguardo e ao exercício da soberania dos Estados. Incapazes de exercer controles efetivos sobre fluxos intensos oriundos de atividades econômicas, mas também de natureza política e social, e, menos ainda, de fazê-lo em relação ao aparato tecnológico que os processa, os Estados se viram também frente a novos desafios de segurança decorrentes de sua exposição e vulnerabilidade à ação de atores não estatais e a contingências por eles engendradas e, ao mesmo tempo, de sua limitada capacidade de controlá-los. Tornava-se patente que atores não estatais atuando à margem da lei tiravam cada vez mais proveito das conexões entre as economias para atuarem tanto interna como internacionalmente. Isso fez com que fosse reconhecido nas esferas voltadas às políticas de segurança e no âmbito acadêmico um novo conjunto de ameaças perpetradas, agora, por atores não estatais (grupos de crime organizado, movimentos terroristas, grupos de insurreição armada). Tais ameaças foram designadas como *ameaças não tradicionais* ou *não convencionais*, em um claro contraponto às ameaças tradicionais, quais sejam, aquelas de caráter militar perpetradas por outros Estados.

Importante ressaltar que o reconhecimento das ameaças não tradicionais se deu no contexto da Guerra Fria e ao lado da intensificação de conflitos regionais na América Latina e na África, e da irrupção de outros conflitos interestatais importantes, como a Guerra Irã-Iraque, a Guerra das Malvinas e a invasão do Afeganistão pela União Soviética. Todos esses conflitos sinalizavam que as novas ameaças não suplantavam as ameaças e os conflitos tradicionais, mas tornavam o panorama da segurança internacional bem mais complexo e desafiador.

Porém, três categorias de fenômenos apontadas anteriormente passavam a exercer poderoso impacto na construção de percepções de ameaças notadamente no mundo ocidental. O primeiro deles, a insurreição armada, também referida em alguns meios como rebelião, é fenômeno historicamente muito anterior ao advento dos Estados nacionais. Ele é definido como um ato de violência organizada e perpetrada por concidadãos contra uma autoridade governamental ou um governo estabelecido com o propósito de demovê-la(o) e abrir caminho, com o uso da força, para um processo de mudança abrupta do ocupante do poder ou do sistema/regime político vigente, podendo estar ou não associado a um intento revolucionário. A insurreição armada está historicamente relacionada à ocorrência de golpes de Estado, a guerrilhas e a guerras civis e, embora seja fenômeno inerentemente originado e voltado ao âmbito doméstico, pode assumir importantes conotações internacionais, em razão do envolvimento direto ou indireto de governos e de movimentos insurgentes no exterior impelidos usualmente por afinidades político-ideológicas e/ou considerações de ordem geopolítica. O transbordamento da violência armada e os fluxos migratórios dela decorrentes e a articulação de redes logísticas de apoio a forças combatentes são também importantes vetores de internacionalização de fenômenos de insurreição armada.

A seu tempo, a Guerra Fria foi um importante vetor de internacionalização de conflitos armados que se estabeleceram na esteira da descolonização e da independência de ex-colônias, como nos casos de Angola e Moçambique. Em Angola, a guerra civil teve origem na insurreição contra o colonialismo português liderada pelo Movimento Popular de Libertação de Angola (MPLA), movimento guerrilheiro de inspiração marxista, e pela União Nacional pela Libertação Total de Angola (Unita), movimento anticomunista. Alcançada a independência em 1975, esses dois movimentos travaram uma cruenta guerra pelo controle do país que perdurou 27 anos, envolvendo apoios da União Soviética e Cuba ao MPLA e dos Estados Unidos e África do Sul à Unita. Situação análoga se deu em Moçambique, onde, após a independência também em 1975, o poder passou a ser exercido pela Frente de Libertação de Moçambique (Frelimo), de orientação marxista-leninista, apoiada pela União Soviética e por Cuba. A Frelimo tinha como força opositora a Resistência Nacional Moçambicana (Renamo), por sua vez apoiada pela África do Sul e pela Rodésia, ex-colônia britânica que instituíra um regime de *apartheid* semelhante ao vigente na África do Sul. Dois anos após a independência e de governo liderado pela Frelimo, iniciou-se a guerra civil que perduraria por 16 anos.

Na América Latina, ocorreram vários episódios de insurreição armada, de que é exemplo mais conhecido internacionalmente e de mais duração a guerra civil colombiana, travada entre o governo colombiano, forças paramilitares de direita e dois movimentos guerrilheiros de esquerda, as Forças Armadas Revolucionárias da Colômbia (Farc) e o Exército de Libertação Nacional (ELN) entre 1964 e 2016, ano em que se alcançou um inédito acordo de paz entre o governo colombiano e as Farc, que ensejou a desmobilização da que era a principal força insurgente e sua integração à vida política como partido político, e mesmo que o ELN não tenha aderido ao processo de paz, não tem havido enfrentamentos deste com as forças governamentais. Também bastante longeva foi a guerra civil na Guatemala que transcorreu de 1960 a 1996 entre as Forças Armadas guatemaltecas e vários pequenos grupos guerrilheiros, entre os quais o Exército Guerrilheiro dos Pobres, a Organização Revolucionária dos Povos em Armas, as Forças Armadas Rebeldes e o Partido Guatelmalteco do Trabalho. Outro exemplo notório foi a Revolução Cubana, liderada por Fidel Castro à frente do Movimento 26 de Julho, de inspiração marxista-leninista que depôs do poder Fulgêncio Batista em 1959. Vinte anos depois, ocorreria a deposição do ditador Anastácio Somoza na Nicarágua pela Frente Sandinista de

Libertação Nacional (FSLN) liderada por Daniel Ortega. A FSLN passa a sofrer oposição de organizações, como a Força Democrática Nicaraguense (FDN) e a Resistência Nicaraguense (RN), à frente de um movimento que se tornou conhecido como os Contras (contrarrevolucionários), que era diretamente apoiado pelos Estados Unidos. A guerra civil de El Salvador (1979-1992), protagonizada, por um lado, pelo governo salvadorenho com apoio dos Estados Unidos e, por outro, pela Frente Farabundo Martí de Libertação Nacional (FMLN), apoiada por Cuba e União Soviética, foi também exemplo marcante de conflito longevo e de grande repercussão regional. No Peru, destacam-se como exemplos o Movimento Revolucionário Tupac Amaru e o Partido Comunista do Peru Sendero Luminoso, mais conhecido apenas por Sendero Luminoso, ambos de esquerda e que protagonizaram ações de insurgência contra sucessivos governos entre 1980 e 2002. No México, ganha destaque o Exército Zapatista de Libertação Nacional, grupo revolucionário de esquerda e de origem indígena, inspirado na luta empreendida por Emiliano Zapata contra Porfirio Díaz e que resultou na Revolução Mexicana de 1910. Persiste como importante vetor do zapatismo, que tem base na região de Chiapas e luta pelos direitos indígenas e suas formas alternativas de organização política e econômica e de oposição às políticas neoliberais.

A insurreição armada arrefeceu significativamente na América Latina se comparada ao contexto da Guerra Fria e do ciclo autoritário que perdurou até a segunda metade dos anos 1980. Mesmo assim, persiste na Colômbia, representada pelo Exército de Libertação Nacional (ELN), no Peru, onde o Sendero Luminoso ainda procura sustentar-se, embora fortemente debilitado, e no Paraguai, com o Exército Popular Paraguaio, também com escasso apoio e recursos para exercer maior protagonismo, subsistindo em espaços circunscritos do território do país. Esse panorama regional, no entanto, difere do panorama global, como se vê a seguir.

A insurreição armada segue presente em diferentes continentes e com impactos muito significativos, políticos e humanitários, doméstica e internacionalmente. Exemplo maior é a guerra civil na Síria iniciada em 2011 a partir de protestos populares contra o governo de Bashar al-Assad que evoluíram para revolta armada a partir de diferentes pontos do país, mas que ganharam expressão maior com a constituição de movimentos armados, como a Frente Revolucionária Síria, a Frente Revolucionária para Libertação da Síria e o Exército Livre da Síria, além de várias forças (brigadas) independentes que passaram a combater as forças governamentais.

A guerra civil ganhou contornos ainda maiores com a deflagração de confrontos entre diferentes grupos sectários e religiosos, sunitas e xiitas, em uma espiral de violência que terminou repercutindo regional e internacionalmente com o envolvimento indireto de países como Líbano, Irã, Iraque, Estados Unidos e Rússia, além de movimentos terroristas como o Hezbollah e o Estado Islâmico. A tomada, pelas forças rebeldes de importantes cidades e da capital, obrigou o presidente sírio, Bashar al-Assad, a deixar o país e buscar exílio na Rússia ao fim de 2024, pondo fim à guerra civil que deixou atrás de si mais de 500 mil mortos e milhões de deslocados no próprio país, em países vizinhos e na Europa.

Outro caso proeminente é a guerra civil no Iêmen em curso desde 2015 em torno da disputa pelo poder envolvendo os houthis, organização política de orientação predominantemente xiita constituída em seguida à unificação do país em 1990 e que se armou a partir de 2004, logrando controlar grande parte do Iêmen e sua capital a partir de 2014. Em 2016, os houthis, com apoio do Irã, constituíram um Conselho Político Supremo como instância executiva para exercer funções de Estado, e são confrontados por forças leais ao governo iemenita e apoiadas pela Arábia Saudita e pelos Estados Unidos. A guerra civil iemenita gerou uma grande crise humanitária que afeta diretamente cerca de 10 milhões de pessoas que sofrem graves privações materiais em meio a crimes de guerra e violações de direitos humanos.

Observa-se, portanto, que a insurgência armada se mantém como importante vetor de instabilidade e insegurança em diferentes países e regiões, com graves desdobramentos internacionais, sobretudo do ponto de vista humanitário, representando, simultaneamente, desafios à capacidade de Estados e de organismos regionais de articularem e implementarem mecanismos de governança política aptos a atuarem efetivamente na prevenção e resolução de conflitos, e a responderem de modo oportuno e adequado a imperativos e urgências humanitárias que os acompanham. Há também crescente preocupação com o acesso por parte de grupos de insurgência armada a sistemas de armamentos mais precisos e letais, como foguetes, mísseis de cruzeiro e drones, largamente empregados nos conflitos em curso nos anos de 2020 na Síria, no Iêmen e na Faixa de Gaza, onde atuam importantes atores não estatais violentos, direta ou indiretamente ligados à insurreição armada.

O terrorismo é a segunda categoria de fenômenos que pôs em evidência a crescente importância das ameaças não tradicionais ainda no contexto da Guerra Fria perpetradas por atores não estatais violentos. A origem do terror como fenômeno político remonta ao contexto da Revolução Francesa, em que a França foi governada por uma aliança entre jacobinos – advindos de setores populares contrários à monarquia e defensores de reformas mais radicais e aos quais se atribuiu um acento autoritário – e os chamados *sans-cullotes* – indivíduos também provindos de camadas populares, sobretudo pequenos artesãos, operários e pequenos comerciantes da cidade de Paris e arredores. Essa aliança instaurou um regime de exceção entre 1793 e 1794 para defender a revolução das forças aristocráticas que a ela se opunham, período em que se observou a radicalização do combate aos contrarrevolucionários com recurso sistemático à violência mediante prisões e execuções sumárias de dezenas de milhares de opositores. Desde então, o recurso à violência ostensiva para fins de intimidação e subjugação com propósitos políticos passaria, pouco a pouco, a ser designado como terrorismo.

A despeito de sua origem semântica se relacionar ao contexto específico da Revolução Francesa, como já mencionado, o recurso à violência para finalidades políticas, de modo geral, é fenômeno recorrente ao longo de toda a história das coletividades humanas. No entanto, suas motivações, características e impactos, em termos humanos e políticos, e o seu reconhecimento como ameaça à segurança internacional se deram de modo crescente e mais evidente na segunda metade do século XX, impulsionados diretamente pela maior facilidade no acesso a armamentos mais letais por parte de indivíduos e grupos não autorizados legalmente a tanto; pela difusão de tecnologias de informação indispensáveis à articulação de indivíduos e grupos e ao planejamento e à execução de atos terroristas; e, finalmente, pelo advento dos meios de comunicação de massa, que passaram a ter um papel central na propagação do alcance e impacto político e social dos atos terroristas, tanto no seio das sociedades como para além das fronteiras nacionais.

O terrorismo, contudo, é um fenômeno complexo e difícil de ser apreendido, mesmo conceitualmente, por envolver uma ampla gama de considerações e variáveis em sua definição. Assim mesmo, alguns aspectos importantes para tanto são reconhecíveis. Em primeiro lugar, seu vínculo com a ameaça de emprego ou o emprego efetivo da violência como elemento de mediação. Em outras palavras, o terrorismo se define primariamente por seu caráter coercitivo presente em uma ameaça violenta e/ou sua consecução. Em segundo lugar, a intimidação e a coação como propósitos fundamentais, ou seja, o terrorismo busca impingir uma mudança comportamental usualmente de agentes públicos, mas também de outros atores políticos, econômicos e sociais, e impactar as forças políticas e a opinião pública em um sentido desejado. Em terceiro lugar, sua natureza essencialmente política, ou seja, a consecução de objetivos que transcendem a órbita de interesses individuais ou de caráter privado, remetendo-se à dimensão pública em que se constituem e se projetam os poderes estatais, as ações governamentais e aqueles emanados da sociedade e das forças politicamente organizadas.

Os esforços para se alcançar uma definição minimamente precisa e de maior alcance para o terrorismo esbarram em muitas dificuldades, à medida que se projetam para além desses três aspectos essenciais. Alguns desses esforços se concentram, por exemplo, na natureza dos alvos, como critério para uma definição mais precisa, ressaltando o caráter indiscriminado deles. Com efeito, vários atentados terroristas são perpetrados contra alvos aleatórios e, quase sempre, inocentes, o que contribui decisivamente para ampliar o efeito de intimidação e o sentimento de insegurança dentro da população em geral como meios de pressão política. Mas, ao mesmo tempo, atentados podem ser direcionados a alvos específicos, como indivíduos representativos de uma corrente ou agrupamento de cunho político, étnico ou religioso, a autoridades políticas, lideranças empresariais ou sociais e religiosas, impingindo-lhes certa seletividade a esse respeito. No limite, os alvos podem ser estritamente discriminados, ou seja, podem ser indivíduos específicos em razão de ideias e valores que representam, dos poderes e das funções que exercem, da visibilidade e do prestígio que usufruem ou dos recursos que detêm ou controlam. Em outras circunstâncias, os alvos podem ser indiretos. Por exemplo, os atos de sabotagem a infraestruturas de energia, de transporte, de telecomunicação ou cibernética têm como alvos primários um substrato material bem definido. Mas o que se almeja, além dos danos materiais, é causar prejuízos materiais e imateriais, e fomentar insegurança junto aos responsáveis pela gestão de tais infraestruturas e, sobretudo, aos usuários delas em geral.

Outra controvérsia se estabelece quando se procura incorporar à definição de terrorismo a identidade e a natureza dos sujeitos ou agentes que o perpetram. Nesse sentido, o próprio senso comum indica serem os agentes terroristas indivíduos e organizações de caráter não governamental que em geral direcionam suas ações contra Estados e seus governos. No entanto, e sem muito esforço, é possível demonstrar que o recurso ao terrorismo não é prerrogativa ou uma possibilidade para atores não estatais apenas. Também os Estados e seus governantes podem, sim, incorrer em práticas terroristas diretamente ou apoiá-las, o que, de qualquer modo, os torna passíveis de responsabilização pela autoria ou pelo cometimento de tais atos. O chamado terrorismo de Estado é uma realidade no plano doméstico, quando perpetrado por autoridades governamentais em nome do Estado contra seus próprios cidadãos. Há, ainda, o terrorismo patrocinado por Estado, que envolve o apoio político, financeiro, material e logístico, dentre outros, de um Estado, prestado direta ou indiretamente a organizações terroristas, quase sempre em território estrangeiro.

São exemplos de países usualmente apontados pelos Estados Unidos como apoiadores de grupos terroristas Irã, Síria, Coreia do Norte e Cuba. Naturalmente, avaliar a opção e a conveniência de designar um Estado como patrocinador de terrorismo é de competência do governo de cada país, segundo seus respectivos interesses e ditames de política externas e de segurança, particularmente no tocante ao terrorismo internacional.

Por fim, há o desafio conceitual e, sobretudo, político que envolve aspectos muito sensíveis de diferenciar o terrorismo de outros fenômenos, como a insurreição armada, os movimentos guerrilheiros e os de libertação nacional, que também recorrem ao emprego da violência em nome de objetivos e causas políticas que são invocadas como legítimas, particularmente quando se referem à emancipação política e ao enfrentamento à opressão por parte por regimes despóticos e autoritários. A legitimidade de tais causas é invocada como elemento de diferenciação desses fenômenos em relação ao terrorismo. Contudo, o recurso por parte de movimentos de libertação nacional e de grupos guerrilheiros torna sua diferenciação dos grupos terroristas uma questão mais sujeita a considerações de ordem político-ideológica do que a critérios de objetividade, que são tênues.

Com efeito, diversos e notórios movimentos separatistas perpetraram atos de terrorismo ao largo de sua trajetória. São exemplos o Exército Republicano Irlandês (IRA), movimento paramilitar nacionalista, surgido em 1919, com o propósito de separar a Irlanda do Norte do Reino Unido e reincorporá-la à República da Irlanda. O IRA se subdividiu em RA Oficial – que sustentava a resistência não armada à unificação da Irlanda – e IRA Provisório – que pegou em armas e foi responsável por uma série de atentados a bomba, sequestros e assassinatos até sua renúncia à luta armada em 2005. Vinculado à minoria católica na Irlanda do Norte, teve como opositores as Forças Armadas do Reino Unido, as forças de defesa da Irlanda e grupos paramilitares protestantes. Outro exemplo de movimento separatista que praticou atos de terrorismo é o Euskadi Ta Askatasuna (Pátria Basca e Liberdade), mais conhecido por sua sigla ETA, e que, desde sua criação em 1959 em oposição à ditadura de Francisco Franco, luta pela independência do País Basco, região que compreende províncias situadas no nordeste da Espanha e ao sul da França. O ETA interrompeu a luta armada e declarou cessar-fogo em 2011.

No contexto atual, um importante movimento que ilustra as controversas e nebulosas relações entre causas emancipatórias, separatistas e o terrorismo é o Hezbollah, que significa "Partido de Deus" em árabe. Trata-se de movimento vinculado ao fundamentalismo islâmico em sua vertente xiita, surgido no Líbano em 1982 com apoio do Irã, como milícia armada, no contexto da resistência à ocupação israelense de territórios ao sul do país naquele mesmo ano. Foi responsável por uma série de ações contra alvos israelenses. Constituiu-se como partido político no início dos anos 1990, mas ainda mantém um braço armado, as Brigadas al-Qassam. Além do Irã, o Hezbollah conta também com apoio da Síria, onde atua em favor do regime de Bashar al-Assad. O grupo também se faz presente no Iraque, apoiando forças rebeldes, e no Iêmen, onde presta apoio aos houthis. O Hezbollah é considerado formalmente um grupo terrorista por Estados Unidos, Reino Unido, Alemanha, Israel e Arábia Saudita. A União Europeia e a França reconhecem como terrorista o braço armado do Hezbollah, mas não o partido político. O Conselho de Segurança das Nações Unidas também não o reconhece como movimento terrorista pela oposição da Rússia e da China. O Brasil sustenta essa mesma posição.

Para além das controvérsias acerca da diferenciação entre movimentos guerrilheiros e de libertação nacional e o terrorismo, há organizações que, inequivocamente, se apresentam como tal, sendo as mais conhecidas a Al-Qaeda, o Estado Islâmico e o Boko Haram. A Al-Qaeda foi criada em 1998 por ex-combatentes que atuaram na resistência à invasão do Afeganistão pela União Soviética em 1979, dentre os quais Osama bin Laden, que se tornaria seu líder máximo, tendo sido sucedido por Abdullah Azzam.

Após a retirada das tropas soviéticas do Afeganistão em 1989 e com o advento da Guerra do Golfo (1990-91) – que resultou no aumento da presença militar e da influência norte-americana na península arábica em particular –, a Al-Qaeda voltou-se contra os Estados Unidos, a quem passou a considerar inimigo do mundo islâmico, o que esteve na origem dos atentados terroristas que perpetraram em setembro de 2001. O atentado teve como alvos as torres gêmeas do World Trade Center em Nova York e as instalações do Departamento de Defesa (Pentágono) em Washington D.C., (a Casa Branca e o Congresso eram também alvos, mas os ataques não foram bem-sucedidos). Em resposta, os Estados Unidos empreenderam o que chamaram Guerra ao Terror, que resultou na invasão do Iraque e do Afeganistão, e na perseguição à Al-Qaeda e a Osama bin Laden, que terminou morto em 2011.

A Al-Qaeda tornou-se, naquele período, o movimento terrorista de maior alcance e atuação internacional, sendo estruturado sob a forma de uma ampla rede de organizações e indivíduos aderentes em várias partes do globo, o que lhe permitiu realizar uma série de atentados em cidades europeias importantes, como Londres, Madri, Paris, e em outros países e regiões. A partir da morte de seu líder máximo, Osama bin Laden, em maio de 2011, e de seu sucessor, Ayman al-Zawahiri, em julho de 2022, e com a ascensão de outras organizações terroristas no mundo islâmico, em particular o Estado Islâmico, a Al-Qaeda passou a experimentar crescente enfraquecimento.

Outra organização terrorista que alcançou grande visibilidade internacional nos anos 2000 foi o Estado Islâmico, cuja origem foi a própria Al-Qaeda. Abu Musab al-Zarqawi, seu fundador, era a principal liderança da Al-Qaeda no Iraque, nos anos iniciais da ocupação norte-americana, e ambicionou liderar um grande levante para a criação de um Estado islâmico que pretensamente englobaria, além do próprio Iraque, a Jordânia, seu país de origem, Síria, Israel, Palestina e territórios do norte da África e da península ibérica. Para tanto, gerou seu próprio movimento, a que denominou Estado Islâmico do Iraque e do Levante e, em 2011, quando se estabeleceu na Síria, Estado Islâmico do Iraque e da Síria. A partir de 2014, foi finalmente denominado Estado Islâmico. O grupo passou a ser uma das principais forças de resistência à ocupação do Iraque, logrando exercer controle sobre partes do território e de importantes cidades no país. Também se fez presente na Síria, aliando-se aos opositores do regime de Bashar al-Assad. O Estado Islâmico notabilizou-se pela decapitação de prisioneiros – soldados de origem norte-americana e europeia e indivíduos provindos de territórios sob seu controle, os quais se recusavam à conversão ao islamismo a que eram forçados e à imposição da xaria, a lei islâmica –, cujas imagens foram amplamente difundidas, e por uma série de assassinatos, atentados a bomba e atos de sabotagem em diferentes países do Oriente Médio. A partir de 2017, após uma série de derrotas militares e a consequente perda de territórios sob seu controle no Iraque e de posições na Síria, e com a morte de seus líderes máximos em 2019 e 2022, o Estado Islâmico se enfraqueceu significativamente, sem, contudo, ter desaparecido por completo, sendo reconhecido como movimento terrorista pelas Nações Unidas e por um extenso rol de países, inclusive do próprio mundo árabe e também pelo Brasil.

Outros importantes grupos terroristas, mas de menor visibilidade na mídia, são o Grupo Khorasan, derivado da Al-Qaeda e que opera junto a grupos rebeldes na Síria; o Jama'at Nasr al-Islam wal Muslimin (JNIM), também considerado um braço da Al-Qaeda e que opera, a partir do Mali, na região do Magreb e no ocidente da África; e o Al-Shabaab, que opera na Somália, onde pretende também implantar um regime islâmico centrado em concepções ortodoxas da xaria. O grupo é responsável pela perseguição de cristãos, por assassinatos e atentados no próprio país e em países vizinhos, em particular, no Quênia. Possui vínculos com o Boko Haram, na Nigéria, movimento terrorista com grande atividade e que pretende suprimir a influência ocidental e impor a xaria a partir do norte do país. Possui presença em países próximos, como Mali, Chade e Níger.

Tendo passado em revista os desafios conceituais, epistemológicos e políticos para a compreensão do terrorismo e de sua importância como desafio de segurança, cabe abordar os traços gerais dos esforços empreendidos pela comunidade internacional para enfrentá-lo. O enfrentamento ao terrorismo pelos Estados mobiliza, no plano interno, o conjunto do aparato de seus órgãos de segurança, primordialmente os órgãos policiais, judiciais e de inteligência, cabendo a cada país avaliar a conveniência quanto a formas e graus de envolvimento também de suas Forças Armadas.

Por outro lado, o caráter necessariamente sigiloso que envolve as ações de contraterrorismo confere centralidade aos órgãos de inteligência, inclusive nas esferas policial, fiscal e, eventualmente, militar para a adequada identificação, monitoramento e intervenção para prevenir e/ou coibir a ação de grupos terroristas. Contudo, apesar de indispensáveis ao planejamento e à implementação de ações contraterroristas, os órgãos de inteligência em nível estratégico e as instâncias de inteligência das forças policiais, militares não podem prescindir do apoio de outras instâncias governamentais, dado também o caráter difuso do próprio terrorismo, bem como a abrangência de seus potenciais âmbitos de atuação, o que implica reconhecer a necessidade de coordenação interagências no plano intragovernamental como requisito essencial a uma adequada e eficaz política de contraterrorismo.

Dada também a natureza crescentemente transnacional do terrorismo, seu enfrentamento demanda, necessariamente, cooperação com as agências e forças de segurança de terceiros Estados, seja pela via bilateral, seja multilateralmente. A cooperação policial, judicial e militar possui um acento eminentemente bilateral e envolve acordos, convênios e protocolos firmados entre os órgãos nacionais envolvidos com seus congêneres no exterior e nos quais se definem objetivos, modalidades, âmbitos, compromissos e os instrumentos da cooperação a ser empreendida. A dimensão bilateral envolve também a cooperação entre um Estado e um organismo internacional afeito ao tema. São exemplos a Organização Internacional de Polícia Criminal (Interpol) e suas congêneres regionais na Europa (Europol) e nas Américas (Ameripol) – precipuamente voltadas para a promoção da cooperação entre as polícias no enfrentamento ao crime organizado e, também, ao terrorismo internacional. Outro exemplo é o Grupo de Ação Financeira Internacional (Gafi), instância que apoia Estados no rastreamento de fluxos financeiros associados ao crime organizado transnacional e ao terrorismo internacional. Todos esses organismos também são fundamentais, por força de sua própria composição, para a cooperação multilateral, a qual será abordada a seguir.

A cooperação para o enfrentamento ao terrorismo internacional também encontra, no plano multilateral, expressão de grande importância e está amparada em um conjunto de 12 convenções e protocolos celebrados majoritariamente nos anos 60 e 70 do século XX, portanto ainda no contexto da Guerra Fria. Os primeiros instrumentos vieram à luz entre os anos 1960 e visavam prevenir os então tipos mais frequentes de ações terroristas, como o sequestro de aeronaves e ações que objetivavam comprometer a segurança da aviação civil e da navegação marítima, sequestros de autoridades políticas, de agentes diplomáticos e tomadas de reféns em geral e atentados com bomba. Cada tipo de atentado terminou sendo objeto de instrumentos e modalidades de cooperação específicos e foram aprimorados nas décadas seguintes.

A escalada do terrorismo internacional que se seguiu aos atentados de 11 de setembro de 2001 e a chamada Guerra ao Terror conclamada pelos Estados Unidos colocaram em evidência a necessidade de valorizar também a dimensão regional da cooperação, o que, por sua vez, levou à celebração de acordos multilaterais no marco de organismos regionais, como a Organização dos Estados Americanos (OEA), a Organização da Unidade

Africana (OUA), a União Europeia (UE), a Liga Árabe, a Associação de Nações do Sudeste Asiático (Asean) e a Commonwealth.

Há amplo consenso em esferas políticas e acadêmicas voltadas ao contraterrorismo em torno da premissa de que a cooperação multilateral é indispensável ao adequado e efetivo enfrentamento de um fenômeno de natureza transnacional como o terrorismo; também há consenso sobre a necessidade de articulação das dimensões nacional, bilateral e multilateral das estratégias e da cooperação contra o terrorismo. Contudo, os esforços nesse sentido esbarram usualmente nas dificuldades de coordenação político-institucional, no compartilhamento de informações e na harmonização de protocolos e doutrinas dos diferentes órgãos de segurança, doméstica e internacionalmente. Mesmo assim, a despeito dessas e de outras limitações inerentes ao contraterrorismo, a cooperação internacional se mantém como dimensão imprescindível e insubstituível para as políticas e iniciativas contra o terrorismo.

O terrorismo internacional e o seu enfrentamento se mantêm como desafios persistentes para a Segurança Internacional. Sua evolução é marcada por um sentido cíclico, isto é, períodos de maior incidência de atentados, como o que se seguiu à invasão do Iraque em 2002 e que perdurou até 2015, usualmente seguidos de outro marcado pelo refluxo no número de atentados e/ou de vítimas, como o observado entre 2016 e 2022, segundo dados do Global Terrorist Index. Esse caráter cíclico é ditado, por um lado, pela proatividade e pelo impulso das organizações terroristas de se projetarem doméstica e internacionalmente e, por outro, pelas decorrentes medidas de contraofensiva que suscitam por parte de países diretamente engajados na repressão àquelas organizações.

A prioridade atribuída ao terrorismo como ameaça internacional também varia de acordo com esses ciclos e segundo incidência nas grandes potências, em particular. Os atentados de setembro de 2001 e os que se seguiram em Londres, Madri e Paris levaram os Estados Unidos e seus aliados na Europa Ocidental a elevarem o terrorismo ao topo de suas prioridades de segurança. Isso levou os Estados Unidos a empreenderem a chamada Guerra ao Terror, no que foram acompanhados por grande parte da comunidade internacional. Os revezes impostos à Al-Qaeda e ao Estado Islâmico e a tendência de concentração do terrorismo, a princípio, no Oriente Médio e no norte da África a partir de 2016 e, mais recentemente, na região do Sahel e na África Subsaariana como um todo levaram à revisão da prioridade outorgada ao terrorismo como ameaça de alcance global, em favor de preocupações ascendentes com a assertividade militar da Rússia, com o crescente poderio bélico da China e com a intensificação da disputa hegemônica no plano global, ao lado de novos desafios, como a segurança cibernética e a mudança climática. Assim, embora persista como grave ameaça, o terrorismo não está no topo da agenda da segurança internacional. O descenso do terrorismo na ordem de prioridade nas agendas de segurança não deve, porém, ser interpretado como perda de relevância enquanto ameaça. Ao contrário, como já apontado, o terrorismo se mantém como importante ameaça, e os movimentos terroristas mencionados se inscrevem, seguramente, no rol dos atores não estatais violentos de grande projeção e impacto no plano da Segurança Internacional nas décadas recentes, mas outras ordens de preocupação de segurança despontaram internacionalmente, levando à revisão das prioridades dos países nesse plano.

    O terceiro âmbito de ameaça não tradicional está associado ao crime organizado transnacional, atualmente a dimensão de maior penetração social e impacto político, econômico e no plano da segurança tanto doméstica como internacional, quando comparado a ameaças e atores não estatais violentos antes analisados. Segundo a Convenção das Nações Unidas contra o Crime Organizado Transnacional, conhecida por Convenção de Palermo, celebrada em 2003 e, atualmente, o principal instrumento que rege a cooperação internacional contra o crime organizado transnacional, entende-se por *crime organizado* o "grupo estruturado de três ou mais pessoas, existente há algum tempo e atuando concertadamente com o propósito de cometer uma ou mais infrações graves ou enunciadas na

Convenção, com a intenção de obter, direta ou indiretamente, um benefício econômico ou outro benefício material". Trata-se de uma definição muito abrangente, sobretudo por conta das múltiplas faces e modos de organização e atuação que o crime organizado assume em cada país e também regional e globalmente. Porém, é importante chamar atenção para os elementos constitutivos mais importantes de tal definição. Em primeiro lugar, a associação de três ou mais indivíduos sob um grupo. Note-se que um grupo de crime organizado, para sua caracterização como tal, não precisa se congregar em um número elevado de membros, bastando três para tanto. Em segundo lugar, a definição se refere a grupo estruturado, o que remete mais à existência de um padrão organizacional, mesmo que elementar, mas que confere um sentido concertado, isto é, esforços conjuntos e cooperação mútua entre os membros. O terceiro aspecto a destacar é a dimensão temporal. Não se trata de uma associação fortuita ou casuística entre indivíduos para atuarem conjuntamente em uma única oportunidade e que desaparece em seguida. A definição aponta para uma associação entre três ou mais indivíduos cujas ações perduram e se repetem por algum tempo. O quarto aspecto diz respeito à ilicitude dessas ações e a seu caráter grave, ou seja, aquelas cujas penas impliquem privação de liberdade por, ao menos, quatro anos, segundo os termos da própria Convenção. Finalmente, cabe destacar o objetivo último do cometimento de tais infrações e ilicitudes: a obtenção de ganho econômico ou material. O propósito último dos grupos de crime organizado não é de natureza política primordialmente, mesmo que os reflexos de sua presença e atuação se estendam a esse domínio. O crime organizado se constitui em torno de negócios ilícitos e, semelhantemente a um empreendimento econômico, são os ganhos econômicos sua razão de ser fundamental, o objetivo maior que o impele.

Em conjunto, esses aspectos permitem diferir, mesmo em diferentes contextos e marcos jurídicos, o crime organizado do crime comum, e, por conseguinte, os grupos de crime organizado dos grupos de delinquência, a despeito dos vínculos que estabelecem entre si, como se verá adiante.

Obviamente, ao longo da história humana, existiram inúmeras formas de associação de indivíduos para o cometimento de ilicitudes, com vista a obter ganhos econômicos e materiais. Porém, ainda que em muitos casos as ações criminosas se passassem além dos limites territoriais de origem de seus perpetradores, como no caso da pirataria marítima, durante séculos, o alcance da atuação de tais grupos se manteve muito circunscrito localmente.

A noção de crime organizado, como tal, é historicamente recente e remonta ao século XIX, com o advento das máfias italianas (Cosa Nostra, Camorra e 'Ndrangheta) e, em seguida, ao início do século XX, quando da instalação delas na América do Norte, dando origem às máfias ítalo-americanas. Apesar de a Yakuza, máfia japonesa surgida ainda no século XVII, ser considerada a mais antiga do mundo, são as máfias italianas e ítalo-americanas as que consagraram um padrão de organização de origem familiar em busca de exercer ascendência sobre grupos criminosos, arbitrando conflitos entre eles, estabelecendo acordos para operar uma variada gama de negócios ilícitos, e apoiando sua atuação e ascendência em forte capacidade de intimidação e coerção pela violência.

Originalmente atuantes em suas regiões e países de origem, as máfias não tardaram a se internacionalizarem, acompanhando a própria expansão dos mercados e dos negócios internacionais ao longo do século XX e, de modo mais intenso, a partir do fim da Segunda Guerra Mundial. A 'Ndrangheta, mais poderosa máfia de origem italiana, se faz presente em todos os continentes, assim como a Camorra, ambas com forte atuação no tráfico de drogas. A máfia russa, cuja principal organização é a Bratva, atua em mais de cinquenta países nas mais diferentes modalidades de tráfico (drogas, armas e munições, pessoas), além do contrabando e outras atividades ilícitas, dentre elas, mais recentemente, crimes cibernéticos. Em razão de sua forte presença internacional, da natureza transnacional de seus negócios, de seu poder econômico e ascendência sobre outras organizações criminosas no plano nacional nos países onde atuam, as grandes máfias internacionais se inscrevem na linha de frente dos atores não estatais violentos vinculados ao crime organizado, usufruindo de grande poder junto às demais organizações criminosas e de influência sobre atores nos campos político e econômico.

No entanto, apesar de seu peso e importância notórios no contexto do crime organizado transnacional, as máfias não são seus únicos atores. Elas representam uma forma peculiar de organização, coexistindo e se confrontando com outras facções criminosas, que compartilham muitas de suas características, tais como a imposição coercitiva da autoridade, de laços de lealdade e de normas de conduta, e a busca pelo controle territorial dos negócios ilícitos, dentre outras, o que torna difícil uma tipificação mais precisa para os grupos criminosos. Isso gera uma certa imprecisão semântica nesse campo, de modo que termos e expressões como máfias, facções criminosas, organizações criminosas, grupos de crime organizado, dentre outras, sejam empregados concomitantemente, sem maior diferenciação quanto aos seus referentes.

Mesmo assim, é possível, e até necessário, reconhecer a grande diversidade dos grupos do crime organizado que atuam internacionalmente, pois eles em geral portam características e peculiaridades próprias, tanto de suas origens como dos contextos mais importantes em que atuam. É o caso, por exemplo, do Primeiro Comando da Capital (PCC), a mais importante facção criminosa do Brasil, que tem suas origens no sistema penitenciário do estado de São Paulo, a partir de onde se organizou e se espraiou para outros estados da Federação, passando a comandar, do interior dos presídios, um crescente portfólio de negócios que envolve desde o tráfico de drogas, de armas e munições, lavagem de dinheiro, adulteração e contrabando de combustíveis até empreendimentos produtivos, imobiliários e financeiros. Tendo logrado presença em praticamente todo o território nacional, o PCC se estabeleceu primeiramente no Paraguai, em seguida, na Bolívia e no Peru, países produtores de drogas (maconha no caso paraguaio e cocaína, nos casos dos dois últimos), estendendo sua presença e atuação ao longo das principais rotas do tráfico na América do Sul e também na América

Central, mantendo o mesmo padrão com que opera no Brasil, seu país de origem, tendo no ambiente do sistema prisional seu lócus de comando e espaço privilegiado para arregimentação de apoio, recrutamento e laços com seus membros e apoiadores externos. Sua hegemonia no embate entre facções criminosas dentro dos presídios lhe confere condição privilegiada no embate que também é travado externamente.

Outro exemplo de importante facção criminosa presente em vários países da América do Sul é o Trem de Aragua, reconhecidamente a maior e mais poderosa em seu país de origem, a Venezuela. Surgido em 2005, operou como um grupo integrado por trabalhadores e por membros de sindicato de construção que extorquia empresários do setor envolvidos na construção de um empreendimento ferroviário no estado de Aragua, que lhe empresta o nome. Logo, passou a atuar no tráfico de drogas, expandindo sua presença a outras regiões da Venezuela, passando a atuar também na mineração ilegal, em redes de prostituição e tráfico de pessoas. Com o aprofundamento da crise venezuelana e o intenso fluxo migratório em direção aos países vizinhos, o Trem de Aragua intensificou sobremaneira suas ações no tráfico de pessoas em direção à Colômbia, ao Peru, ao Equador, mas também na Bolívia e no Chile. No Brasil, se fez presente inicialmente na região Norte do Brasil, em particular no estado de Roraima, que faz fronteira com a Venezuela e que passou a ser a principal porta de entrada de migrantes venezuelanos no Brasil. Há registros de que estabeleceu aliança com o PCC, a princípio, no estado de Roraima e que se estendeu a outros estados, inclusive no sul do país, como Paraná e Santa Catarina. Hoje com significativa presença na América do Sul, a exemplo do PCC, o Trem de Aragua mantém aspectos característicos de sua origem, em particular, o estreito vínculo com migrantes venezuelanos, sua principal fonte de mão de obra para operar, além do tráfico de pessoas, também no tráfico de drogas, de armas e na mineração ilegal.

Cabe nos referir, finalmente, aos cartéis mexicanos que protagonizam um intenso conflito entre si pelo controle de espaços, particularmente ao longo da fronteira com os Estados Unidos por onde entra um grande volume de drogas, sobretudo cocaína procedente da Colômbia e do Peru e da Bolívia, em menor escala, mas também heroína cultivada no próprio México e cujo tráfico tem crescido significativamente. Os principais são o Cartel de Jalisco Nova Geração (CJNG), considerado o mais perigoso do país, o Cartel de Sinaloa que disputa primazia com CJNG, o Cartel do Golfo, o mais antigo dos cartéis mexicanos e do qual surgiram vários outros grupos que passaram a com ele rivalizar, o mais conhecido dentre eles são os zetas. Com a forte repressão que passaram a sofrer por parte do governo, os cartéis mexicanos se viram forçados a reforçar sua presença para além do país, em direção, sobretudo, aos países centro-americanos, como também o fizeram, no passado, os grandes cartéis colombianos e, mais recentemente, o PCC e o Trem de Aragua, o que gera tanto alianças como disputas violentas entre si e com grupos locais, o que se acha na origem da ascensão do crime organizado e na espiral de violência em toda aquela região.

Como visto, o crime organizado é fenômeno de alcance global e, seu enfrentamento, à semelhança do terrorismo e, mais até do que este, requer esforços de cooperação multilateral. Na verdade, a projeção dos grupos de crime organizado transnacional é mais ampla e sua penetração nos países em que operam é bem mais intensa que a de grupos terroristas. Assim mesmo, o enfrentamento ao crime organizado envolve fundamentalmente os mesmos aparatos de segurança do Estado, quais sejam, as organizações policiais, judiciais e de inteligência, além, eventualmente, das Forças Armadas, segundo opção dos governos em questão de acioná-las para esse fim. Naturalmente, a cooperação bilateral nesses campos ocupa um lugar importante nas estratégias nacionais de enfrentamento ao crime organizado transnacional, mas a dimensão multilateral, como dito, ganha grande relevo.

Nesse sentido, ocupa lugar de destaque, como marco e instrumento jurídico, a já mencionada Convenção das Nações Unidas contra o Crime

Organizado Transnacional, ou Convenção de Palermo, estabelecida em 2000, tendo entrado em vigor em 2003. A Convenção prevê uma série de medidas que os países devem implementar no enfrentamento ao crime organizado, dentre as quais a tipificação, nas leis nacionais, de atos como participação em grupos criminosos organizados, lavagem de dinheiro, corrupção e obstrução da justiça; preconiza ainda a facilitação de processos de extradição, assistência legal mútua e cooperação policial.

Como visto, os atores não estatais violentos vêm ganhando importância no contexto da Segurança Internacional, na medida em que são protagonistas diretos de ações violentas associadas à insurgência armada, ao terrorismo e ao crime organizado, três grandes desafios que interpelam e mobilizam Estados, seus governos e sociedades por suas graves repercussões domésticas e, sobretudo, internacionais, respondendo por parcela fundamental da insegurança que assola inúmeros países em praticamente todas as regiões.

Desafios contemporâneos de segurança

A Segurança Internacional é um campo em constante evolução e mudança. As distintas agendas não apenas ganham ou perdem prioridade com o tempo, mas também novos assuntos ganham espaço como problemas de segurança. Com isso em mente, para além dos temas canônicos do campo – como guerra, uso da força, terrorismo ou crime organizado transnacional –, nos cabe refletir sobre desafios contemporâneos de segurança. Com esse objetivo, o presente capítulo aborda a dimensão cibernética, as mudanças climáticas e a saúde global. Não obstante saibamos que a lista de "novos" desafios contemporâneos seja muito mais ampla do que os três supracitados, entendemos que esses são temas de repercussão geral tanto na literatura especializada como no debate sobre política e prática da segurança na atualidade.

O mundo contemporâneo é profundamente conectado e dependente de redes e sistemas de computadores, tal como da internet e dos sistemas que o sustentam. As notícias que você lê, a comida que você pede, a conta que você paga e até relacionamentos amorosos que se iniciam têm – direta ou indiretamente – algum grau de dependência com a dimensão cibernética e o ciberespaço. Inclusive, a progressiva inclusão de sistemas, hardware e software nas mais diversas áreas da vida social, produziu distintas formas de perceber a realidade, tal como gerou uma geopolítica ligada ao ciberespaço. As transformações profundas proporcionadas pelo avanço da cibernética e do ciberespaço não poderiam deixar de afetar significativamente a segurança nacional e internacional, mas também a defesa e a guerra.

A cibernética é comumente conhecida como a ciência da comunicação e do controle, que foca o estudo da dinâmica dos sistemas, entre os quais ligados a comunicação, informações e máquinas. Por sua vez, o ciberespaço – muitas vezes denominado de *espaço cibernético* na língua portuguesa – pode ser interpretado como um ambiente virtual, lastreado em sintaxe, códigos e hardware, dependente de tecnologias de informação e comunicação necessárias para uso, armazenamento e manejo dos elementos constitutivos desse ambiente.

Um dos aspectos notáveis disso, com implicações para a segurança internacional e a defesa, é que o espaço cibernético estrutura em si um espaço com características físicas e não físicas próprias. Essa característica levou diversos países e organizações, dentre os quais Estados Unidos, Brasil e Otan, a considerar o espaço cibernético como um domínio de operações. Ou seja, esse novo domínio é caracterizado fundamentalmente por tecnologias de informação e comunicação, estruturas físicas e sistemas por onde trafegam e são processados dados e informação. A partir dessas definições, deixamos claro que por cibernético nos referimos ao "espaço cibernético" ou o ciberespaço e suas implicações.

Com base nessas concepções, cabe inquirir como o espaço cibernético tornou-se um objeto da segurança internacional. Bem, o próprio nascimento tanto do computador como da internet, díade essencial do ciberespaço, tem as suas origens profundamente ligadas à história da guerra. Durante a Segunda Guerra Mundial, a imperiosa necessidade de quebrar o código da máquina de comunicação criptografada nazista – a Enigma – impeliu o esforço de matemáticos, dos quais se destacou Alan Turing. O matemático inglês prestou enorme contribuição com conceitos teóricos, desde a Máquina de Turing até o invento de máquinas de quebrar códigos, como a The Bomb. Com o avanço da moderna Ciência da Computação no pós-Segunda Guerra Mundial, o Departamento de Defesa dos EUA cria a Advanced Research Projects Agency (Agência de Pesquisas em Projetos Avançados), a qual seria posteriormente batizada de Darpanet. Entre os seus elementos motivadores, estava a necessidade de pesquisa e de criar sistemas de comunicação que pudessem sobreviver a um conflito nuclear entre os EUA e a URSS. Como resultado, no final dos anos 1960 foi criada a Arpanet, a partir da qual a internet seria desenvolvida. Assim, o espaço cibernético, ao nascer umbilicalmente ligado a atividades de inteligência e à guerra, ganha novos ares a partir da transição das sociedades e da economia global na segunda metade do século XX.

Entretanto, foi a partir dos anos 1970 que se começaram a sentir os efeitos transformadores da chamada Terceira Revolução Industrial. A transição de sistemas analógicos para digitais, a miniaturização de chips, o avanço em hardwares e softwares levariam à popularização nas décadas vindouras do computador pessoal, liderada por empresas como Apple e Microsoft. Os impactos dessa transformação revolucionaram os mercados globais e os sistemas financeiros, criando uma economia cada vez mais interconectada e globalizada em fluxos de bens, serviços e dados.

Embora essas mudanças tenham contribuído para a produção de riqueza e de novas e mais eficientes formas de comunicação, também ampliaram os horizontes e as possibilidades para ameaças, clássicas e novas. O avanço das tecnologias ligadas ao espaço cibernético produziu sociedades e economias dependentes desses sistemas, criando e aprofundando vulnerabilidades. Com isso, expressões como segurança, defesa e guerra cibernética surgem como parte do léxico que tenta dar conta dos fenômenos afeitos à segurança cibernética. A complexidade deste tópico diz respeito ao fato de que a segurança nesse caso não se refere apenas a computadores ou à internet em si, mas a uma ampla gama de equipamentos que podem ser objeto de ataques maliciosos. De *pen drives*, telefones celulares, servidores a computadores, basicamente nada está completamente seguro da ação de agentes dotados da capacidade de realizar ataques cibernéticos. Somado a isso, ao discutirmos a segurança cibernética, temos em mente não apenas os Estados, mas também empresas e atores não estatais, ampliando a complexidade nas relações internacionais e nacionais sob a égide do ciberespaço. Ao lado da segurança e da defesa, a resiliência e a redundância são fundamentais para a segurança nesse novo domínio. Em sua essência, o ciberespaço se constitui como um ambiente em que se processa o poder cibernético, o qual consiste na capacidade de produzir resultados desejados através do uso de recursos informacionais. Esse poder pode almejar resultados no ciberespaço, mas também a partir do espaço cibernético causar efeitos em outros domínios físicos. Mas como esse poder é comumente exercido?

No campo da segurança e defesa cibernética, em geral se dividem em três as modalidades gerais de ação no ciberespaço para fins de inteligência, segurança e defesa de redes de computadores: ações ofensivas, ações defensivas e ações de exploração de redes de computadores. Ações ofensivas ou ataques cibernéticos são comumente denominados na literatura internacional como Ataques a Redes de Computadores. Estes consistem essencialmente em ações ofensivas no ambiente cibernético visando alterar, degradar, destruir ou gerar a disrupção de sistemas de um inimigo ou adversário, podendo ser suas redes, sistemas de informação ou programas. No sentido contrário, as ações defensivas estão no escopo do que se denomina de defesa cibernética, a qual consiste em ações, preemptivas, preventivas e defensivas, voltadas a impedir o êxito de ações ofensivas. Por sua vez, ações de exploração estão em geral no escopo de ações de espionagem e inteligência. Elas não visam necessariamente a alteração, degradação ou disrupção de sistemas de adversários, mas sim conhecer o seu funcionamento e vulnerabilidades, tal como opera na coleta de dados sensíveis relevantes para a produção de inteligência.

Como podemos perceber, a segurança cibernética se ocupa da proteção de infraestruturas críticas, direta ou indiretamente dependentes do espaço cibernético, contra ameaças, como ciberataques. Atualmente, sistemas bancários, além de médicos a governos digitais, dependem do bom e seguro funcionamento da internet e de redes de computadores. Sistemas de transporte, como a logística marítima e o setor comercial aéreo, são profundamente dependentes de infraestruturas críticas ancoradas no ciberespaço. Ao passo que essa relação entre o ambiente físico e virtual promove facilidades para a vida moderna, em contrapartida cria e amplia vulnerabilidades que podem ser exploradas por atores dos mais diversos. No mundo contemporâneo, ciberataques podem ser levados a cabo tanto por atores estatais como não estatais, e também pela cooperação entre ambos. Eventos como ataques de ransomware contra hospitais no Reino Unido ou ataques contra infraestruturas críticas de energia são eventos cada vez mais comuns na atualidade. Porém, um dos casos paradigmáticos a ilustrar a emergência da segurança e da defesa cibernética foi o evento ocorrido na Estônia em 2007, bem como o Stuxnet no Irã em 2010.

Como o leitor deverá ter notado, a emergência do domínio cibernético cria um ambiente para operações de segurança, de defesa e de inteligência. Com isso, essas dinâmicas de poder e força transbordam para e do ciberespaço. Nesse novo ambiente as dinâmicas de cooperação, competição e conflito do mundo físico são transportadas para o ciberespaço, muitas vezes trazendo consigo os efeitos deletérios causados pelo conflito. É nesse contexto que o caso estoniano ocorrido em 2007 ganha relevo. O país báltico, antigo membro da URSS, passou por situações de tensionamento com a Rússia em virtude de questões afeitas ao legado soviético. Em decorrência, o país sofreu severo ataque cibernético, levando ao mau funcionamento e até à disrupção de diversos sistemas e serviços governamentais e bancários dependentes da internet e de suas redes. Não obstante a autoria do Estado russo nunca tenha sido plenamente comprovada – demonstrando o problema da atribuição na esfera cibernética –, os ataques podem ter sido liderados por grupos civis apoiados ou não pelo governo em Moscou. Assim, restou clara a capacidade de atores, cuja atribuição é extremamente difícil, de através do ciberespaço causar danos a outro país.

Poucos anos mais tarde, no contexto da crise envolvendo o programa nuclear iraniano e as suspeitas de proliferação nuclear, o país sofreu um devastador ataque cibernético que afetou decisivamente o funcionamento das centrífugas em sua instalação nuclear em Natanz. Embora diferente do caso estoniano, cujos ataques foram essencialmente de negação de serviço distribuída (DDoS), contra o Irã foi utilizada talvez a primeira arma cibernética, o *worm* Stuxnet. Apesar do problema da atribuição, no caso do Stuxnet existe uma clareza maior da participação de Estados Unidos e Israel na construção da arma cibernética. Ambos os casos demonstram muito claramente que as dinâmicas geopolíticas de competição e conflito do mundo físico também estão presentes no ciberespaço e, mais ainda, que a partir desse domínio podem se produzir efeitos estratégicos, resultando numa intricada relação entre mundo físico e virtual. Outro aspecto crucial é a compreensão de que ambos os casos citados são representativos do fato de que grandes potências têm desenvolvido capacidades de operar, ofensiva e defensivamente, no ambiente cibernético. No entanto, potências regionais, como o Irã e a Coreia do Norte, mas também atores não estatais, como empresas ou grupos criminosos, são parte da fauna do ciberespaço e de suas dinâmicas de (in)segurança. Essa realidade torna possível com que essa elevada gama de atores tenha acesso a operar e a buscar produzir efeitos no e a partir do ciberespaço para ações como ciberataques, cibercrime ao ciberterrorismo. Assim, o ambiente cibernético, outrora área de primazia da atuação estatal, é agora um ambiente anárquico em que Estados e indivíduos operam com elevado grau de liberdade para finalidades das mais diversas.

Nesse cenário, em que ações ofensivas e defensivas são possíveis, quais outras possibilidades estratégicas estão no horizonte da segurança no ciberespaço? Ligada ao pensamento militar, autores como Libicki discutem sobre a possibilidade de transportar a lógica da dissuasão para o ciberespaço. Ou seja, se seria possível dissuadir países ou grupos através da ameaça de punição ou negação. Entre outros desafios, a dificuldade de atribuição torna a aplicação dessa concepção estratégica um problema no ciberespaço. Por outro lado, um termo que cresce em relevância nessa seara é o de resiliência. Dada a complexidade e a ampla gama de atores a perturbar a segurança no ciberespaço, cada vez mais os Estados têm se preocupado não apenas com a defesa, mas também com a resiliência de infraestruturas críticas. Em um mundo em que as normas e o direito internacional lutam para se adequar a um ambiente mutável de segurança – para o qual contribuem iniciativas como o Manual de Tallinn –, o ciberespaço sofre dos mesmos riscos e oportunidades que a anarquia internacional, marcada pela competição e pelo conflito no mundo real, que também estão presentes no mundo de softwares e hardwares.

Entre os novos desafios da Segurança Internacional, talvez os mais relevantes sejam as mudanças climáticas. É sempre oportuno relembrar que pode ser um equívoco designar como "nova" uma ameaça. Ao menos desde os anos 1970 emergiu uma importante sensibilidade para a questão ambiental, relacionando-a não apenas a questões morais e éticas, como também à segurança. Em 1972 foi publicado pelo Clube de Roma o relatório "The Limits to Growth", o qual a partir de seu modelo apontava as contradições entre o crescimento econômico e populacional e o estoque de recursos naturais existentes. O estudo serviu como um alerta e uma crítica para o estilo de vida de consumo e produção industrial e a sua dinâmica destrutiva em relação ao meio ambiente e à finitude dos recursos naturais. No Brasil, esse estudo teve importante repercussão na obra do economista paraibano Celso Furtado, em seu clássico livro *O mito do desenvolvimento econômico*. Para o então Terceiro Mundo, a crítica de Furtado ao modelo de desenvolvimento perseguido pelo Brasil e pelos demais países no Ocidente encontrava limites não apenas na estrutura do subdesenvolvimento, como também na disponibilidade de recursos naturais e na capacidade de o planeta suportar o padrão de consumo emulando as economias ricas ocidentais.

À primeira vista, o nexo entre meio ambiente, recursos e desenvolvimento pode parecer distante da área de Segurança Internacional. Isso se dá, pois, em geral, os cânones teóricos e temáticos do campo são moldados por acadêmicos e pesquisadores normalmente advindos de países como os Estados Unidos ou da Europa Ocidental. Em países da América Latina e Ásia – dentre os quais o Brasil e a China –, a relação entre segurança e desenvolvimento é profundamente íntima. Entretanto, os debates contemporâneos vão além de lançar luz sobre como problemas ambientais podem afetar o desenvolvimento e a segurança humana. A fronteira dos estudos presentes busca compreender e prever como as mudanças climáticas ameaçam a própria sobrevivência da espécie humana sobre a Terra. Por essa razão, as mudanças climáticas aqui dizem respeito ao estudo das alterações no clima, na estabilidade e na segurança de países e povos.

Muito dessa perspectiva está ancorada na ideia do Antropoceno, segundo a qual a ação humana – em particular dos países mais ricos e poderosos do mundo – estaria afetando o planeta a ponto de alterar o clima, cujo resultado comprometeria a segurança de toda a humanidade. O Antropoceno seria uma nova era geológica na longa história do planeta Terra. O uso excessivo de combustíveis fósseis, a caça e a pesca predatórias, a contaminação e a poluição de mares e rios, somados às vultosas emissões de gases de efeito estufa na atmosfera iniciadas desde a era industrial, teriam como resultado uma transformação estrutural no clima do planeta. Entre os seus efeitos, eventos climáticos extremos, secas em regiões tradicionalmente úmidas – como a floresta amazônica –, enchentes em locais não habituais, o derretimento das calotas polares e o aumento da temperatura e do nível dos mares colocariam em risco a existência de alguns países e, de uma forma mais geral, o estilo de vida da sociedade industrial.

Um dos aspectos principais da ideia do Antropoceno é a compreensão desse fenômeno como algo semelhante ao relatado no clássico a "Tragédia dos comuns", que versa sobre como, mesmo agindo sob um prisma racional, a superexploração de recursos compartilhados, porém finitos, pode levar ao esgotamento desses recursos comuns, gerando um resultado global negativo para todos. Voltando ao contexto contemporâneo, cada país, ao buscar o seu desenvolvimento e riqueza, explora os seus recursos e os quais pode adquirir. Entretanto, a soma de países que o fazem pode não apenas provocar o esgotamento desses recursos, como também comprometer o sistema de vida do planeta ao alterar, em última instância, a biosfera.

Como o leitor irá lembrar, a agenda de segurança não é necessariamente predefinida de modo apriorístico. Os temas que a compõem podem ser construídos, politizados ou, como visto, *securitizados*. Nesse diapasão, o clima e os efeitos de sua mudança têm sido paulatinamente percebidos por países e organizações como um problema de segurança. Disto poderá decorrer o risco de que aconteçam não apenas a politização e securitização do clima, como também a sua militarização. Entre os principais impactos presumidos das mudanças climáticas está a escassez de recursos naturais. Não obstante a tecnologia evolua e novas técnicas produtivas e administrativas surjam, promovendo a otimização e racionalização do uso e reúso de recursos, existe uma inegável pressão sobre recursos naturais, tais como água, alimentos e terras agricultáveis. Não à toa, as disputas por fontes de água potável, por terras e segurança alimentar são clássicos motivadores de conflito. Um exemplo de como água e território são importantes para a segurança nacional é da relevância das colinas de Golã. Após a Guerra dos Seis Dias, Israel logrou ocupar e manter esse território sírio. Para além da sua vantagem tática como terreno elevado projetando-se ao horizonte de um vizinho hostil, as colinas permitem que Israel exerça o controle sobre a bacia do rio Jordão, importante para diversos países da região.

Outro efeito de segurança que as mudanças climáticas podem causar é o deslocamento populacional. Existe, inclusive, uma categoria específica para esse fenômeno, a de deslocados ambientais. Com as mudanças climáticas e os seus efeitos adversos nas condições de vida e sobrevivência, mais e mais pessoas poderão ser forçadas a abandonar os seus lares e comunidades e se deslocar para outras áreas de seu território nacional e, em casos extremos, se tornar refugiados ambientais. O leitor possivelmente nunca terá ouvido falar em Tuvalu, mas esse é um caso paradigmático a ilustrar os riscos das mudanças climáticas. Tuvalu é um pequeno país, um arquipélago no oceano Pacífico, cujo aumento do nível e da temperatura do mar ameaça submergi-lo. Esse cenário de destruição física de um país e a transformação de sua população em refugiada ambiental ensejam discussões e acordos para receber os seus habitantes, atualmente em vigor com a Austrália.

Mesmo para países que não estão sob o risco de serem completamente engolidos pelo mar ou por rios, as mudanças climáticas podem apresentar robusta ameaça às infraestruturas críticas. Em 2024, o Brasil viu perplexo importantes porções do estado do Rio Grande do Sul ser engolidas pelas águas. Inclusive a capital, Porto Alegre, foi parcialmente alagada, levando semanas e meses para a normalização das condições de vida e habitação. A catástrofe climática no Rio Grande do Sul afetou não só a ordem pública, a segurança da população, como também comprometeu severamente a capacidade do Estado subnacional de operar. Na ocasião, inclusive o Exército viu-se em apuros, tendo diversas organizações militares afetadas pelas chuvas e enchentes, lutando para prestar assistência humanitária à população civil. Eventos como esse não são completamente novos. No início do século, os Estados Unidos viveram os efeitos destrutivos do furacão Katrina, causando danos e destruição massiva, levando a importantes questionamentos e mudanças nos protocolos de cooperação entre estados e União no caso de catástrofes ambientais. No Brasil, as lições ainda estão por ser aprendidas. Sob a perspectiva humanitária, catástrofes climáticas, como as severas cheias no Rio Grande do Sul ou a seca severa na Amazônia, produzem consequências de segurança e crise humanitária. Nesse cenário, operações militares de assistência humanitária e alívio em desastres (Recuperação de desastre de alta disponibilidade – HADR, na sigla em inglês) são potencialmente mais arriscadas e custosas. Ademais, eventos climáticos extremos podem comprometer instalações militares, logística e mobilização, afetando condições de combate em guerra, como a prontidão operacional em cenários de crise.

Contudo, as mudanças climáticas trazem desafios para além daqueles que afetam diretamente a segurança humana. Mudanças climáticas trazem consigo os problemas da militarização, maior propensão ao uso da força e de guerra. Como destacado previamente ao discutirmos a relevância das colinas de Golã para Israel e Síria, o controle de espaços ricos em recursos escassos valorizados (água, petróleo, gás, lítio etc.) é uma constante histórica. No contexto de progressiva degradação das condições de vida em virtude das mudanças climáticas, a pressão por recursos poderá elevar, ensejando uma maior liberdade no uso de soluções militares para problemas redistributivos no âmbito internacional. Em outras palavras, a força poderá ser o juiz na distribuição de quem terá o controle sobre certos recursos escassos. Entretanto, não chegamos a tal ponto de ruptura, o que não necessariamente afasta os riscos da militarização da questão ambiental. Dois exemplos demonstram a complexidade da questão, ambos envolvendo a floresta amazônica.

Ao menos desde 2019 é notável a expansão do garimpo ilegal na floresta amazônica, em particular em terras indígenas, como as terras ianomâmis. Com vinculação com o crime organizado transnacional, somado a problemas sociais e econômicos dos garimpeiros, para além do problema social e de direitos humanos contra os povos indígenas, ocorre uma ameaça ao meio ambiente, com a degradação da floresta, do solo e a contaminação de lençóis freáticos e rios por mercúrio. Especialmente a partir de 2023, tem-se percebido a insuficiência dos governos estaduais para combater essa situação, aumentando-se com isso a participação da União com o emprego das Forças Armadas em operações de desintrusão nas terras ianomâmis. Como resposta, missões militares são ampliadas para além daquelas clássicas, para envolver ações em prol da segurança humana e ambiental. Um segundo exemplo, ocorrido no contexto da elevada percepção de destruição da floresta em meados de 2019, levou importante acadêmico americano a indagar quem e como irá salvar a Amazônia. Seria mera questão de tempo até que as grandes potências busquem interromper as mudanças climáticas com o uso de "todos os meios necessários", inclusive a força militar.

Ao lado das perspectivas de securitização e militarização existem iniciativas que buscam enfrentar esses desafios sob um prisma cooperativo. Buscando a mitigação do problema, importantes iniciativas foram tentadas, como o Protocolo de Kyoto, os Acordos de Paris, ambos buscando a redução das emissões de gases do efeito estufa e propondo soluções compensatórias, como a instauração do mercado de carbono. As ações no campo político e diplomático são acompanhadas por ações de adaptação, através de investimentos em resiliência de infraestruturas críticas, mas também da segurança alimentar e energética. Medidas, como a transição energética para carbono zero e energia limpa, com destaque para motores elétricos, são uma forma não militar de elevar a segurança enfrentando os desafios das mudanças climáticas. No entanto, passados mais de 50 anos da publicação do relatório "Limits to Growth" pelo Grupo de Roma, o problema ainda persiste e se agrava. Uma efetiva governança global em matéria climática é urgente, dado que por maior que seja a consciência global acerca das mudanças climáticas e de seus riscos para toda a humanidade, a lógica autointeressada parece encerrar a humanidade na própria tragédia dos comuns.

Enquanto as novas ameaças de segurança advindas do espaço cibernético e relativas aos efeitos das mudanças climáticas são fenômenos que começam a ser sentidos na segunda metade do século XX, o mesmo não pode ser dito de ameaças oriundas de questões da saúde global, embora seja considerado um tema emergente na Segurança Internacional. Contaminações de povos originários no Novo Mundo por doenças como varíola possivelmente mataram muito mais nativos do que as guerras de conquista empreendidas pelos colonizadores. Os surtos e a proliferação geral da peste negra ceifaram milhares de vidas na Europa Ocidental entre os séculos XIV e XV. Após a Primeira Guerra Mundial, conflito armado mais letal na história até aquele momento, o mundo foi tomado por uma pandemia de gripe espanhola, a qual matou mais do que a guerra mundial que a precedeu. Nos anos recentes, a pandemia de covid-19 parou o mundo, ceifou milhares de vidas e acelerou processos de transformação na economia e segurança internacional. A saúde global é um tema inegável da Segurança Internacional, mas como essa questão veio à tona como objeto da área nas últimas décadas?

A perspectiva de segurança sobre a saúde global tende a focar a proteção e a defesa contra ameaças de natureza biológica que possam afetar negativamente populações – humanas e animais – em larga escala. Um exemplo icônico foi a Gripe Aviária (H1N1). Contagiando inicialmente aves, o vírus passou a infectar seres humanos, gerando uma crise global de saúde, vencida pela rápida produção de uma vacina e um elevado grau de coordenação internacional. Como ocorreu com a questão climática, a saúde global é, cada vez mais, um objeto de politização e securitização, sendo percebida por países e organizações como objeto de potencial fonte de insegurança e ameaças. Questões envolvendo a saúde global como um problema de segurança são em geral tratadas no ambiente internacional pela Organização Mundial da Saúde (OMS). No âmbito doméstico, Ministérios ou Departamentos de Saúde tendem a ter em suas atribuições a preocupação com questões pertinentes a riscos biológicos, sejam eles de natureza bacteriológica, virais ou fúngicos, por exemplo. Por isso que, distintas de uma agenda meramente nacional, questões de saúde são potenciais fontes de insegurança em um mundo profundamente interdependente. Por esse motivo, a coordenação entre burocracias de saúde nacionais e a OMS é essencial para respostas internacionais a crises globais, como foi a covid-19. Sem a OMS, a elaboração de planos e respostas em âmbito global teria sido muito mais difícil e morosa. Entretanto, respostas globais a ameaças de saúde já ocorreram nas últimas décadas, em especial contra uma doença que parece esquecida atualmente, a aids.

Com a descoberta do HIV e a crise global desencadeada por sua proliferação para todas as regiões do mundo, houve esforços nacionais coordenados para campanhas de prevenção, informação e cuidado de grupos vulneráveis. Pressão política e social foi feita com fins a promover mudanças sociais e de hábitos, tal como a indústria farmacêutica mostrou-se um ator essencial no tratamento, no controle e no combate da doença, nos quais as diversas gerações de coquetéis anti-HIV deram sobrevida a milhares de pessoas ao redor do mundo. Ademais, atores como a OMS foram e são relevantes para a distribuição de medicamentos de forma massiva, relevantes para o controle e combate da doença. Embora a emergência do HIV não tenha envolvido um esforço vacinal, dado que infelizmente ainda não existe vacina para o vírus da imunodeficiência adquirida, houve importante esforço de coordenação global e transnacional para as ações que podiam ser feitas, levando a uma redução do ritmo de contágio e a uma redução paulatina global na quantidade de novos infectados.

Conforme sabemos atualmente, ameaças de saúde podem provocar crises de segurança nacional e internacional, para além do efeito de letalidade atrelado a si. Crises ou ameaças biológicas podem afetar o próprio Estado, ameaçando o seu funcionamento normal e, em última instância, a sua sobrevivência. Infraestruturas críticas, como sistema de saúde, cadeias globais e estrutura logística, podem ser profundamente impactadas, insumos podem se tornar escassos, dificultando o funcionamento de sistemas de emergência, assim como o pânico e a desinformação podem complexificar situações de crise já severas. Entretanto, apesar de pandemias e endemias constituírem riscos ou ameaças de segurança internacional ou nacional, normalmente nesses casos não existe o elemento da intencionalidade. Quando um vírus ou bactéria se alastra, causando uma emergência sanitária – como a gripe aviária, a varíola ou a covid-19 –, os patógenos não são dotados de vontade ou intenção. Note que a ausência de vontade própria por parte de um patógeno não o torna menos perigoso. O surgimento das chamadas "superbactérias" ameaça profundamente a eficiência de antibióticos conhecidos.

Trazendo o elemento da intencionalidade em matéria de biossegurança, atores, grupos ou Estados podem fazer uso de material biológico como arma. Por essa razão, o biológico constitui um dos três polos que configuram as armas de destruição em massa. Assim, a biossegurança é uma expressão amplamente corrente nesse debate que abarca ações de prevenção, segurança e combate a patógenos letais, mas também o controle, a fiscalização e o acompanhamento de laboratórios que manipulam patógenos extremamente perigosos, como o ebola. A conexão entre pesquisa, indústria e segurança ficou patente na polêmica sobre o início da pandemia de covid-19. Identificada inicialmente em Wuhan, China, existe uma hipótese de que o vírus do SARS-CoV-2 poderia ter escapado de um laboratório de biossegurança.

Outro risco que envolve a biossegurança é o do bioterrorismo. Grupos terroristas já se utilizaram no passado de patógenos para cometer atos deliberados de terror. No contexto da guerra global contra o terror, ocorreu um ataque contra diversos congressistas americanos envolvendo o envio de antraz por meio do serviço postal dos Estados Unidos. Cartazes com a bactéria foram enviados para políticos, redes de comunicação e personalidades, causando pânico e uma resposta emergencial do sistema de segurança e de saúde. O medo das armas de destruição em massa, dentre as quais as biológicas, contribuiu para a justificativa americana para invadir o Iraque. Em 2003, já com a guerra do Afeganistão em curso, o governo americano defendeu internacionalmente que tinha evidências de que o Iraque possuía armas de destruição em massa. Findadas a guerra e a presença das forças de ocupação americana no país árabe, até o presente não foram encontrados vestígios de armas nucleares, químicas, biológicas ou radiológicas.

Apesar de não haver regimes ou ações de reforço legal tão fortes como aqueles ligados a armas nucleares e materiais físseis, a exemplo da força da Agência Internacional de Energia Nuclear, existem importantes iniciativas que contribuem para mitigar os riscos das armas de destruição em massa, dentre as quais as biológicas. Por exemplo, a Organização para a Proibição de Armas Químicas (OPAQ) cumpre relevante papel na supervisão, no controle e no monitoramento da destruição de arsenais de armas químicas, como ocorreu na Síria no contexto da sua guerra civil. No campo das ameaças biológicas, a Convenção sobre a Proibição de Armas Biológicas e Toxínicas (CPAB) é a ferramenta normativa básica sobre o tema, somada à ação, à supervisão e à coordenação da OMS. Apesar de armas químicas e biológicas serem de difícil controle após o seu uso, podendo afetar também os perpetradores do ataque, durante a Segunda Guerra Mundial esse tipo de armamento foi amplamente testado em prisioneiros chineses e coreanos por militares japoneses.

Passada a pandemia de covid-19, ficou claro que a saúde global pode ser o cerne de ameaças à segurança internacional. A coordenação interagências e internacional demonstrou ser um importante ativo, mas também um desafio. Em uma crise, problemas de tempos de paz tornam-se mais agudos. Desigualdade no acesso a recursos, como vacinas e insumos, se mostrou uma realidade. Ademais, em um sistema internacional anárquico no contexto de grave ameaça de segurança, a soberania se mostrou ser um valor ainda mais central. Por essa razão, como os desafios das mudanças climáticas e do ciberespaço, a saúde global deve enfrentar semelhantes adversidades provenientes de ameaças globais.

Este capítulo analisou como a Segurança Internacional foi impactada pela dimensão cibernética, pelas mudanças climáticas e pela saúde global, destacando esses temas como desafios contemporâneos. No contexto cibernético, explicou-se que a crescente dependência tecnológica aumentou vulnerabilidades e levou à militarização do ciberespaço. Eventos como os ataques cibernéticos à Estônia em 2007 e o uso do vírus Stuxnet contra o Irã em 2010 ilustraram como o ciberespaço se tornou um domínio estratégico, onde Estados e atores não estatais competem e cooperam.

As mudanças climáticas foram discutidas como uma ameaça à segurança humana e global, conectadas a crises como escassez de recursos, deslocamentos populacionais e conflitos por territórios estratégicos. Exemplos incluíram o impacto de desastres climáticos no Rio Grande do Sul e a situação do arquipélago de Tuvalu, ameaçado pelo aumento do nível do mar. Além disso, foram destacadas iniciativas como os Acordos de Paris, que buscaram mitigar danos, mas enfrentaram limitações diante da "tragédia dos comuns".

Por fim, a saúde global foi abordada como um problema de segurança, exemplificado pela pandemia de covid-19, que revelou vulnerabilidades nas cadeias logísticas e desigualdades no acesso a recursos. A convenção contra armas biológicas e toxínicas e o papel da OMS foram citados como esforços fundamentais para mitigar ameaças biológicas e o bioterrorismo. Apesar desses esforços, o capítulo concluiu que desafios globais, como mudanças climáticas e pandemias, continuam a exigir cooperação internacional efetiva.

Considerações finais

Os capítulos precedentes proporcionaram um panorama amplo das principais dimensões e desafios da Segurança Internacional no mundo contemporâneo. Foram apresentadas agendas e debates tradicionais que envolvem os fenômenos da guerra e da paz, a relação entre geopolítica, estratégia militar e o papel e a importância das disputas hegemônicas e dos alinhamentos estratégicos. Nesse diapasão, serviram como estudos de casos temas como a competição sino-americana, o alinhamento entre Rússia e China, as antigas e novas alianças militares, por exemplo, a Otan e Aukus, respectivamente. O livro também discutiu questões sobre o armamentismo, a proliferação vertical e horizontal de armas de destruição de massa, notadamente as nucleares, e os esforços de controle e não proliferação. À luz de casos como o programa nuclear iraniano e o avanço de tecnologias autônomas, a obra introduziu os desafios das armas de destruição em massa em nossos tempos.

Sob a perspectiva mais tradicional, foram abordados também as iniciativas e os esforços em prol da paz internacional, em particular aqueles empreendidos no marco da ONU como maior e mais importante mecanismo de segurança coletiva e de cooperação de que dispõe a comunidade internacional para a promover a segurança e a paz internacional, com destaque para a atuação de seu Conselho de Segurança e para as operações de paz, a face mais visível e historicamente sedimentada da ação das Nações Unidas diretamente em favor da paz. Todos esses são fenômenos que têm pautado a evolução das relações internacionais contemporâneas e cuja compreensão é imprescindível para conhecer e avaliar as dinâmicas e tendências da Segurança Internacional.

Embora assumam relevância inquestionável, são limitados para esse propósito. O campo da Segurança Internacional está cada vez mais marcado por atores, agendas e dinâmicas que vão além dos domínios dos Estados nacionais e suas prioridades e preocupações de segurança e defesa. Nesse sentido, ganham relevo a presença e a atuação dos atores não estatais violentos, em particular aqueles que impelem fenômenos como a insurgência armada, o terrorismo internacional e o crime organizado transnacional, responsáveis em larga medida pela violência que assola países e sociedades em diferentes regiões. Cada um destes fenômenos representa e porta desafios específicos nas agendas domésticas de segurança, mas se projetam em diferentes contextos regionais e, em última instância, no plano global. Seu entrelaçamento mútuo e com outras questões das agendas políticas, econômicas e de segurança dos Estados lhes confere natureza e alcance transnacional. Isso os torna fenômenos ainda mais complexos, ao mesmo tempo que impõe a necessidade de maior comprometimento de recursos variados e de coordenação de parte dos Estados e de seus respectivos governos, assim como de organismos internacionais e das próprias sociedades para seu adequado enfrentamento no plano internacional. A cooperação internacional no enfrentamento aos desafios representados, particularmente, pelo terrorismo internacional e pelo crime organizado transnacional segue como desafio permanente, mas que também provoca divisões na comunidade internacional quanto à sua caracterização e seu entendimento em relação à prioridade que lhes deve ser conferida, às estratégias e aos meios a serem empregados, além dos próprios limites das proposições e iniciativas internacionais voltadas ao seu enfrentamento em face das prerrogativas dos próprios Estados nacionais.

Considerações finais

Essas questões e desafios para a segurança internacional são ampliados por outras preocupações. Eles derivam da crescente interdependência do mundo contemporâneo. Entre os exemplos estão: o ciberespaço, as mudanças climáticas e a saúde global. No contexto cibernético, foi visto como a crescente dependência tecnológica criou vulnerabilidades e levou à militarização do domínio digital, com casos paradigmáticos como os ataques à Estônia e o uso do Stuxnet contra o Irã. As mudanças climáticas foram discutidas como uma ameaça global, relacionadas à escassez de recursos, aos deslocamentos populacionais e aos conflitos estratégicos, como exemplificado pelo arquipélago de Tuvalu e pelos desastres climáticos no Brasil. Na saúde global, crises como a pandemia de covid-19 revelaram desigualdades e vulnerabilidades logísticas, enquanto esforços como o papel da OMS e os tratados biológicos buscaram mitigar os riscos de pandemias e bioterrorismo.

Naturalmente, ao focalizar de maneira mais detida esses três desafios e a importância deles nas agendas de segurança dos países, não se pretende relativizar o peso de outras agendas e desafios de segurança. Temas como a segurança energética, hídrica e alimentar são hoje igualmente centrais no conjunto de preocupações de segurança dos Estados e de suas respectivas sociedades. Essa ampliação na agenda coloca em perspectiva o interesse em assegurar acesso adequado a recursos imprescindíveis ao atendimento de necessidades básicas das populações e ao funcionamento de toda a infraestrutura da qual dependem cotidianamente os mais variados campos da atividade humana. Devido às limitações inerentes à presente obra em sua destinação, optou-se por se concentrar naquelas agendas que, ademais de representarem desafios para as políticas nacionais em seus respectivos âmbitos, representam também adversidades de primeira grandeza para o conjunto da comunidade internacional em sua projeção global, e por seus graves desdobramentos imediatos e de longo prazo para a segurança internacional.

É evidente a necessidade de entender os desafios, a agenda e os processos no campo da Segurança Internacional em sua multidimensionalidade. Essa compreensão não se deve apenas à diversidade de agenda, atores e instâncias envolvidas em esforços contínuos de diálogo político, negociação e cooperação. Ela também é vital para lidar com objetivos políticos, econômicos e militares, conflitos de interesses e as diversas formas de violência que frequentemente acompanham esses processos. Porém, o campo da Segurança Internacional igualmente contempla preocupações e iniciativas que buscam mitigar e até mesmo, eventualmente, suprimir o recurso a meios coercitivos e à violência como forma de dirimir divergências no plano internacional. Envolve também desafios de ordem existencial ao próprio gênero humano e ao planeta que podem ser engendrados por iniciativa deliberada de algum ator ou conjunto destes, mas que se relacionam a externalidades da abrangência, da escala e da intensidade dos usos dos recursos e dos mecanismos de que dependem e mediante os quais opera a sociedade global. Assim, é tão atual conhecer e interpretar os dilemas recentes da guerra e do uso da força militar na política internacional quanto reconhecer a mudança climática como ameaça global na era do Antropoceno. Para esse fim, consideramos que a obra aportou valiosa compreensão em prol do contato e do conhecimento do público sobre os principais temas da Segurança Internacional nos nossos dias.

Lista de siglas

- ABACC – Agência Brasileiro-Argentina de Contabilidade e Controle de Materiais Nucleares
- ABM – Anti-Ballistic Missile (Míssil Antibalístico)
- Aukus – Australia, United Kingdom, United States (Aliança entre Austrália, Reino Unido e Estados Unidos)
- CSONU – Conselho de Segurança das Nações Unidas
- CTBT – Comprehensive Nuclear Test Ban Treaty (Tratado de Proibição Completa de Testes Nucleares)
- DEFCON – Defense Readiness Condition (Condição de Prontidão de Defesa)
- ELN – Exército de Libertação Nacional
- ETA – Euskadi Ta Askatasuna (Pátria Basca e Liberdade)
- EUA – Estados Unidos da América
- Farc – Forças Armadas Revolucionárias da Colômbia
- FDN – Força Democrática Nicaraguense
- FMLN – Frente Farabundo Martí de Libertação Nacional
- Frelimo – Frente de Libertação de Moçambique
- FSLN – Frente Sandinista de Libertação Nacional

- GLO – Operações de Garantia da Lei e da Ordem

- IAEA – International Atomic Energy Agency (Agência Internacional de Energia Atômica)

- INF – Intermediate-Range Nuclear Forces (Tratado de Forças Nucleares de Alcance Intermediário)

- Interpol – International Criminal Police Organization (Organização Internacional de Polícia Criminal)

- IRA – Irish Republican Army (Exército Republicano Irlandês)

- LAWS – Sistema de Armas Letais Autônomas

- MAD – Destruição Mútua Assegurada

- Minustah – Missão das Nações Unidas para a Estabilização no Haiti

- MOOTW – Operações Outras que não a Guerra

- MPLA – Movimento Popular de Libertação de Angola

- MTCR – Missile Technology Control Regime (Regime de Controle de Tecnologia de Mísseis)

- OMS – Organização Mundial da Saúde

- ONU – Organização das Nações Unidas

- OPAQ – Organização para a Proibição de Armas Químicas

- Otan – Organização do Tratado do Atlântico Norte

- OTSC – Organização do Tratado de Segurança Coletiva

- OUA – Organização da Unidade Africana

- PCC – Primeiro Comando da Capital

- QUAD – Quadrilateral Security Dialogue (Diálogo de Segurança Quadrilateral)

- Renamo – Resistência Nacional Moçambicana

- RI – Relações Internacionais

- RN – Resistência Nicaraguense

- Saab – Svenska Aeroplan Aktiebolaget (Empresa Sueca de Aviação e Defesa)

- Sipri – Instituto Internacional de Pesquisas para a Paz de Estocolmo
- Start – Strategic Arms Reduction Treaty (Tratado de Redução de Armas Estratégicas)
- TNP – Tratado de Não Proliferação Nuclear
- Unef I – I Força de Emergência das Nações Unidas
- Unifil – Força Interina das Nações Unidas no Líbano
- Unita – União Nacional pela Libertação Total de Angola
- URSS – União das Repúblicas Socialistas Soviéticas
- WMD – Weapons of Mass Destruction (Armas de destruição em massa)

Referências bibliográficas

ANDRADE, Israel de O.; HAMMAN, Eduarda P.; SOARES, Matheus A. *A participação do Brasil nas Operações de Paz das Nações Unidas*: evolução, desafios e oportunidades. Texto para Discussão 2442. Brasília: Ipea, 2019.
BALDWIN, David. "The Concept of Security". *Review of International Studies*, v. 23, n. 1, 1997, pp. 5-26.
BELLAMY, A. J.; WILLIAMS, P. D.; GRIFFIN, S. *Understanding Peacekeeping*. 2. ed. Cambridge: Polity, 2010.
BUZAN, Barry. *People, States and Fear*: an Agenda for International Security Studies in the Post-Cold War Era. 2. ed. London: Harvester Wheatsheaf, 1991.
BUZAN, Barry; HANSEN, Lene. *The Evolution of International Security Studies*. Cambridge: Cambridge University Press, 2009.
CLAUSEWITZ, Carl von. *On War*. Edited and translated by Michael Howard and Peter Paret. Princeton: Princeton University Press, 1984.
FONSECA, Carmen. *A política externa do Governo Lula*: retórica, ambivalência e pragmatismo. Rio de Janeiro: FGV, 2022.
GALTUNG, J. (ed.). *Handbool of Peace and Conflict Studies*. London/New York: Routledge, 2007.
GIBSON, Tobias; JEFFERSON, Kuert W. *International Security Studies and Technology*: Approaches, Assessment and Frontiers. London: Elgar Publishing, 2024.
GILDER, A. Human Security. In: RICHMOND, O. P., VISOKA, G. (eds.). *The Palgrave Encyclopedia of Peace and Conflict Studies*. London: Palgrave Macmillan, 2022.
JERVIS, Robert. "Realism, Neoliberalism, and Cooperation: Understanding the Debate". *International Security*, v. 24, n. 1, 1999, pp. 42-63.
MARTIN, Gus. *Essentials of Terrorism*: Concepts and Controversies. Thousand Oaks: Sage, 2024.
MEARSHEIMER, John J. *The Tragedy of Great Power Politics*. New York: Norton & Company, 2001.
MEI, Eduardo; SAINT-PIERRE, Hector. *Paz e guerra*: defesa e segurança entre as nações. São Paulo: Fundação Editora Unesp, 2013.
REZENDE, Lucas Pereira. *O engajamento do Brasil nas Operações de Paz da ONU*: análise dos efetivos enviados e recomendações para o fortalecimento da inserção internacional brasileira. Curitiba: Appris, 2012.
RICHMOND, Oliver P. *The Transformation of Peace*. Basingstoke: Palgrave Macmillan, 2005.
STOCKHOLM INTERNATIONAL PEACE RESEARCH INSTITUTE. *2023 Yearbook*. Stockholm: Sipri, 2024.
UNITED NATIONS. *Handbook on United Nations on Multidimensional Peacekeeping Operations*. New York: Department of Peace Operations, 2003.
UNITED NATIONS. *United Nations Peace Keeping Operations*: Principles and Guidelines. New York: Department of Peace Operations, 2010.
WILLIAMS, Paul D. *Security Studies*: an Introduction. Abingdon: Routledge, 2008.

Os autores

Alcides Costa Vaz é professor titular de Relações Internacionais da Universidade de Brasília (UnB), pesquisador do Conselho Nacional de Desenvolvimento Científico e Tecnológico (CNPq).

Augusto Teixeira Júnior é professor associado do Departamento de Relações Internacionais da Universidade Federal da Paraíba (UFPB), bolsista de produtividade em pesquisa do Conselho Nacional de Desenvolvimento Científico e Tecnológico (CNPq). Coordenador do Grupo de Pesquisa em Estudos Estratégicos e Segurança Internacional (GEESI).

GRÁFICA PAYM
Tel. [11] 4392-3344
paym@graficapaym.com.br